Call Me

THE AV Agent !

Call Me
THE AV Agent !

叫我AV經紀人

棒棒堂叔叔變形記

Kenny 著

Call Me THE AV Agent!

dala sex 040

叫我AV經紀人
棒棒堂叔叔變形記

Call Me THE AV Agent !

作者：Kenny
插畫：李翰
主編：洪雅雯
企劃編輯：張凱萁
校對：金文蕙
行銷企劃：陳秉揚
美術設計：楊啟巽工作室
總編輯：黃健和

出版：大辣出版股份有限公司
台北市105南京東路四段25號12樓
www.dalapub.com
Tel：（02）2718-2698 Fax（02）8712-3897
service@dalapub.com
發行：大塊文化出版股份有限公司
台北市105南京東路四段25號11樓
www.locuspublishing.com
Tel：（02）8712-3898 Fax（02）8712-3897
讀者服務專線：0800-006689
郵撥帳號：18955675
戶名：大塊文化出版股份有限公司
locus@locuspublishing.com
法律顧問：董安丹律師、顧慕堯律師
台灣地區總經銷：大和書報圖書股份有限公司
地址：242新北市新莊區五工五路2號
Tel: (02)8990-2588 Fax: (02)2290-1658
製版：瑞豐實業股份有限公司
初版一刷：2022年11月
定價：新台幣430元
ISBN：978-626-96266-4-9

Call Me THE AV Agent !

推薦序

一本了解AV界的工具書

文／一劍浣春秋

我一直覺得自己是個很幸運的人，寫AV評論、介紹女優有人看，甚至在轉型舉辦活動後，也很快就知道該找的是女優的經紀公司而不是片商，少走了很多冤枉路。

而在認識了業界的人後，不騙你，我真的很佩服那些經紀人！

因為他們的工作實在太辛苦了：他們是女優的保母，當女優要拍片的時候他們要

Morning Call，當女優要安排工作的時候，他們負責做行程安排並且過濾工作內容，什麼事能做什麼事不能做，他必須要在最短的時間做判斷；而當女優生氣的時候，他們還要當垃圾桶，聽這些大家性幻想的對象訴苦、安撫她們的情緒甚至被她們痛罵……我完全能理解為什麼有些女優會和經紀人有著牢不可破的信賴關係，我也明白為什麼有經紀人覺得再待在這一行遲早發瘋，寧願去做工去顧超商也不想回到AV界……

因為那是個乍看近水樓台先得月，實際上卻有苦說不出的職業啊：你永遠不知道那些乍看像個天使的女優骨子裡是不是惡魔、你也永遠不明白為什麼明明看起來很開朗的她們，會突然發神經拿手去試刀子利不利，然後把血淋淋的照片上傳到網路上，還有些女優會一聲不響地連夜搬走從此人間蒸發，也難怪這些經紀私底下一個比一個變態，因為被各種稀奇古怪的女優折磨後自己多半也會變得怪怪的。

更令我沒有想到的是竟然還有人投入這一行！

Kenny說自己是在台灣舉辦的成人展上入行的，看他的敘述大概知道他不是我這一邊的：可能是因為好賺吧，在二〇一七年的時候台灣成人博覽會一分為二，到了二〇一八和二〇一九年更是兩家廠商同時舉辦，為了吸引影迷入場大家紛紛把規格拉高，到了二〇一九年時八月初的台北竟然有接近七十位來自東洋的女優在舞台上爭奇鬥豔——而扣掉舞台上在秀的女優，以及台下忘情嘶吼的粉絲，穿梭在展場的人有著各式各樣的心思，而Kenny大概是最讓人羨慕的那種，當個翻譯和男優混熟後，直接被問要不要ＡＶ出道，隨即前往日本暗黑界展開一場奇妙之旅～

在某些程度上我和Kenny是同行，都是在人肉市場做仲介的中間人，所以像是做經紀人的規矩、日本業界該注意的小撇步，以及拍片時會碰到的狀況在書中看到真的頗有熟悉感；但令我訝異的是Kenny在用華麗的詞藻堆疊出文章的同時其實有蠻多針對人性、人、還有性這方面的反思，這在我見過的這麼多的同行中是非常少見的。

一般會來做這一行的大概不脫兩種人，一種是以為好賺，一種是覺得好玩。好賺嘛，坦白說那是誤會大了，因為怎麼買、怎麼賣、怎麼找人來，在過去都沒有答案，最恐怖的是影迷的口味難以捉摸，人類最強Body的沖田杏梨之所以走紅是因為奶很大，叫人受不了，但葉月美音來到台灣人氣乏善可陳、而讓老闆大罵「Fuck善可陳」的原因也是奶很大叫人受不了，怎麼樣？有趣吧？

至於好玩嘛，好啦也是啦，能和女優合作、和她們好像是朋友、偶爾傳個LINE互相關心一下好像就是人生勝利組了，但問題是粉絲極度喜新厭舊，大家辦活動的都要算準時間做好新陳代謝，這時候你就會發現和女優當朋友是件很辛苦的事，因為她會有期待、你卻不能給她承諾，做得太少是不夠朋友，承諾做不到的事，那根本就是渣男了！

所以像Kenny這樣凡事會想一想的人還挺難得的，這本書不但是一本了解ＡＶ界的工具書，你更可以欣賞到他把一些業界習以為常、外界想當然耳的現象反芻後不吐不快的心得，那可不是你在ＰＴＴ可以看到的東西：

真的，值得一看。

推薦序

蟒蛇＋男優？精彩的混亂

文／李翰（插畫家、《中山伴遊郎》作者）

接到大辣出版總編黃健和的邀約時，我剛完成一系列少女風格的作品，優雅的遛狗，溫和的配色，想到有機會畫不穿衣服的女優，拍ＡＶ的鏡頭，一個我可以色色的工作，多年收藏的領域，大概在接到ＡＶ經紀人兼作者 Kenny 的名片時，就想開始準備畫草稿了。

陸續閱讀了書中的內容後，腦中的畫面是我最愛的ＡＶ拍攝方式ＰＯＶ（point of view）男友視角，一幕一幕荒唐但又合理的場景出現在書中，蟒蛇＋男優？什麼Ｂ級片才有的畫面，但似乎又完全吻合從小我對他們的人設，精彩的混亂，Kenny 冷靜的用文字寫著這一切，像是A片鏡頭外連呼吸都要小聲的攝影，記錄一個我希望能在場的Party。

有些章節又像是YouTube的知識型頻道，我確定學到的知識滿足了我對AV的好奇，但絕不適合飯後的冷知識 Battle，在這裡學到的我將轉化為每次按下播放時心中給AV從業者一個巨大 Respect！女優的汗、還是逃避現實的香，但舌頭似乎可以嘗到幕後血汗的鹹。

不論用什麼方式，Kenny 像是個導遊，走在前面帶我到AV的世界走了一圈，於是我畫了許多幅他的背影，看著這個荒謬才是正常，每天必須多次高潮的世界，跟著他學習精液的配方，出庭／參展／買優格。

順利的交稿後編輯寄給我初版時又重讀了幾個章節，腦中閃過了紅極一九九〇年代的一部日本長篇漫畫《島耕作》，從一九八五年連載至今，看著主角島耕作從課長做到會長，跟著主角學到日本企業的黑暗與衝擊，突然對 Kenny 未來的發展充滿好奇，畢竟他曾以當男優為目標，應該能在這個我好奇的異世界扮演不止一個角色，在日本AV動盪不安的同時，本土AV又同時加速成長，若有個人可以用POV的文字記錄下來，就算是要到OnlyFans（全球知名情色平台）上做一個閱讀的動作，我也願意加入會員。

自序

願我們終將經歷最好的年代

☆請注意：本書不具備任何性病診斷、性別認同或性取向判定、性技巧與體位教學、伴侶性磨合協助、勃起困難治療、抗過敏、治療癌症、促進消化等效果，如有相關需求請洽專業人士與單位。

回到台灣近十年，將來某次看眼科問診的時候，我應該會跟醫生說，「我看不到我的未來。」我還記得十年前的事情，雖然當時有一半左右的時間都在酒精、感情、迷茫與焦慮中，不知該往何處。

十年之後，一個暴走的青年變成一個暴走的中年，在不知應該稱為成長還是老化中漸變，循序漸進。沒有不喝酒，只是開始對酒挑剔、對喝酒的場合挑剔。沒有不做愛，只是不一定有辦法做、不一定有人可以做。我開始懷念無論喝多醉都還可以勃起的年

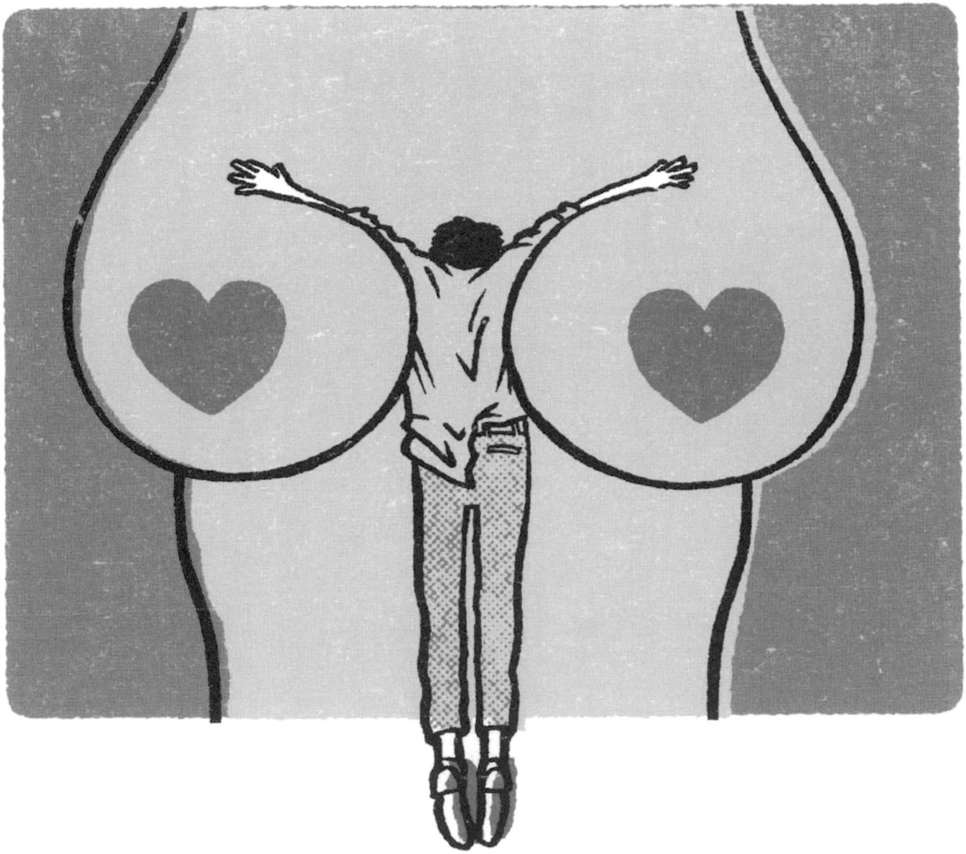

紀；沒有不抽菸，但快了。

十年，有大半是用感情跟酒精堆積出來的好幾筆爛帳，最討厭的是這些記憶就像打完手槍後黏在龜頭的衛生紙緊緊黏著，常常回頭看，而更多的是試著回頭，但不要看。

身邊開始出現各種充滿年代的東西，十年前的ＰＳ３，二十年前的ＣＤ，三十年前的書，十年前買的ＤＶＤ裡裝著四十年前的電影。Nokia到ＰＨＳ，彩色手機再變成摺疊機，連智慧型手機都已經是十五年前的產物；為了把Ａ片放入ＰＳＰ中而偷偷在圖書館的角落等待幾個小時下載、轉檔；在那個512MB記憶卡就要幾千塊的年代，看著被鎖碼的電視台試圖辨別人體輪廓的年代，光是圖片就能夠讓人興奮的年代。

當然，還有飯島愛、舞園雛、小澤圓、川島和津實這些漸漸不被記得的曾經，或者台灣水電工這些生不逢時的從業者們；從ＶＣＤ變成ＤＶＤ，再從ＤＶＤ成了藍光、再上了４Ｋ串流，我們不會再遇見錄影帶店租回家的帶子被洗成別的內容；不用對著郵購單上的文字想像，希望買到自己想要的品項；不用在光華商場的某個角落僅憑著劣質印刷的封面，瞇著眼睛挑選片子。畫質越來越高，女優的胸部越來越大，毛越來越短，馬賽克越來越薄，而我們需要的刺激閾值也同時野蠻生長。

隨著淘汰機器上的鏽斑生長，同步地身體裡面默默質變的某些角落，跟《Inside Out

腦筋急轉彎》裡的記憶碎片一樣，還在進入垃圾桶的邊緣掙扎著。換了幾個工作、換了幾個女友、搬過了幾次家，隨著時間形塑出了一個類似於現在的我的形狀；但當攬鏡自照之時，每次又才有所驚覺，原來我認識的自己，已經與現實中的自己又有了一些、又一些些的段差。曾經想過可能永久居所，原來只是一個車站，車從來沒有停過，只是有時候速度快到看不清窗外風景，有時候又慢到看著隔壁的行人從旁緩步走過。

有一天，喜歡的女優原來年紀跟我差不多大了。

有一天，喜歡的女優原來年紀小我一輪了。

有一天，我沒有喜歡的女優，它成了我的工作，而工作是沒有選擇喜好資格的。

當我看著Ａ片不會勃起，反而開始研究起影片內容，猶如我突然被隔絕於螢幕外的世界般。

當我看著現場的演員表演著，連螢幕都不存在，我卻像是位於透明結界外的局外人，張開了ＡＴ立場。

過了一個十年，我從經過新宿街邊脫衣舞店家卻從未有勇氣踏入過，到如今從消費者轉換成了生產者。那些過早的相遇，可能我們會有幸福的機會，但不一定是現在。而再下個十年，也許我們還是會像《魔鬼剋星》一樣繼續尋找鬼般的幸福，或者看著它存在，聽說誰擁有著，或者被告知它在哪裡出現過，無論是愛情，還是工作。

我絕對不是一個熱愛工作的人，只是為了存活而掙扎中，恰巧經歷了幾次美妙的邂逅，並在一次次巧合中被帶到了這棟糖果屋中；比起未來將往何處前進，更常縈繞在我心中的反而是「我是誰」、「我在哪」的疑惑與焦慮，我能做的也僅僅是在疑惑與焦慮中繼續移動腳步，試圖找到下一站，而目前，我並不討厭或排斥自己所處的位置。

我一直認為自己只是剛好經過這裡的人，也許這裡會是終站，也許只是轉乘，但我確實地記住了自己曾經立足、曾經步履過的痕跡。我不知道自己將會停留多久，但每次的停留，我都試著站穩腳步，留下一些什麼。就算失敗，至少那些失敗的紀錄也在我自己裡面留下了些什麼。

關於性，就算某些程度我們仍舊隱晦，仍舊無知，仍舊無助，但對性的普遍認知也確確實實地邁著緩慢的步伐前進著；我無權代表任何團體或個人發表任何對錯、任何關於道德上應該如何判斷，我只能用我人生所學及經驗，闡述出我個人的想法、看法、或者做法。

我非常喜歡《無敵浩克》中反派所講的話：「以我現在的經驗，加上十五年前的身手，那是連我自己都不敢面對的對手。」

我沒有嘗試過幫自己口交、或是把自己的陰莖塞進肛門等非一般人類能達成的事情，但我相信每個人對於自己的身體、心理、性癖方面的了解，將隨著年歲逐漸增進。年輕時像頭獸，只知橫衝直撞，直到年紀漸長才學會更有效率、技巧地使用身體；或者說，因為已經沒有體力了，才會開始找到更有效率的，更像個人身體使用方式吧？

對於一般人而言，關於性的議題將會是糾纏著一生的議題。螳螂與蜘蛛為了一次的性愛可以犧牲生命，而許多昆蟲的成蟲甚至捨棄了攝食能力，全身的能量只為繁衍出下一代。雄性澳洲袋鼩一次交配可以持續十數小時，直到身體崩壞、橫紋肌溶解而死；或者心理學的宗師佛洛伊德，也將人所有的行為歸因為性驅力所造成。

我們處於一個混亂的年代，處於一個與性相關之道德、法律與科技正在相互衝撞中的年代，能夠感受到衝撞的悸動也許是一種幸運，而等待衝撞後不知何時能夠更加成熟的結果卻讓人焦躁。我們正在一邊大力奮戰中、一邊在默默地執行中，同時，我們期待著下一代能夠更加進步的結果。

也許，是下一個十年中，或是再下一個。而多數人將只能繼續期待恰如其分，生而逢時的相遇。哪一天，我們可以享有更好的媒介，而更重要的是，在媒介進步的同時，我們也能夠得到相應的，對於性的，更多自主與自由。

CONTENTS

推薦序

自序

Part 1 我是誰？我在哪？——一切的開始

Part 2

這天的東京很熱
——日本的A片文化與行業內幕

Part 5

我們不說辛苦了，我們說幹得好——心路歷程、未來展望

Part 1

我是誰？我在哪？

——一切的開始

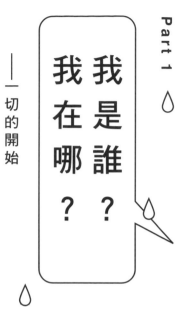

我只是個翻譯……吧？

「下一站，新宿，新宿！」

山手線的軌跡是一個圈，東京比較大的區域幾乎都有山手線通過。距離我從新宿搬回台灣已經大概五年了，從歌舞伎町搬到林森北路，本質上好像沒有什麼太大的區別。

不過今夏的東京跟以往好像不太一樣。

今夏的東京，比較熱。

我在失戀的時候做過很多蠢事，做蠢事的時候也學會很多技能；學會抽菸、學會喝酒、習慣夜店……不過，這次學到的內容又似乎不太一樣，一週前展覽結束時，我帶著滿滿一袋子的飛機杯、跳蛋、按摩棒、口球、假陽具，甚至還有一條要價五位數的K金丁字褲。

二〇一八年，二十幾歲的最後一個春天，我失戀了。過了幾個月每天買醉的生活，外送的酒一瓶瓶填進酒櫃，然後喝完；再來了一整打的酒，然後又被喝完。隨之而來的胃潰瘍跟每天宿醉，以及為了解決宿醉而吞下的無數止痛藥、胃藥及鎮定劑。

沒有什麼人生問題是一顆鎮定劑不能解決的，如果有，那就兩顆。

神志不清了幾個月之後，我接到了一個工作邀請，需要在成人展擔任攤位的控場，以及其他溝通時候的翻譯，更重要的是，我知道她也會在同一個展場的其他攤位擔任工作人員，似乎沒有比這件事情更能說服我接下工作的理由了。

回台灣之後，我一直接演唱會、展覽的主辦、執行、翻譯等工作，從來沒有一場帶來了像成人展般的震撼感。

剛到現場，就看到數十個半裸的女生在面前晃來晃去，這裡的晃來晃去絕對不是單純指人在走動的意思，那一天顛覆了我的世界，這時候我才知道原來英文字母都是從D開始的，晃來晃去的DEFG蒙蔽了我的雙眼。

工作原因，我必須要緊緊地盯著那些巨……不，是那些小女生們的身上，礙於法律規定，我的視線必須緊追著女生們的巨……不，胸貼是否還在位子上，或者服裝有沒有露點，一切都只是因為工作上的要求。

而我也在第一天的：「那個……你可能……有點走光，要不要整理一下！」到第三天，「欸！奶頭露出來了，收好啦！」越來越靠近三十歲的同時，我也漸漸地似乎又從男孩往男人的路途更近了一步。

巨乳療癒了我失戀的傷痛，我，是被巨乳所拯救的男人。

認真盯著巨，喔不，認真做著工作的我並不知道，這三天會把我的人生事業拉到我從未想像過的另一個次元。

整個展場只有一個吸菸區，所有的工作人員與藝人如果要補充身體恆定的話，都必須跑到全場那僅僅一只的煙灰缸前。那時活動已經第三天，我一如往常在吸菸區抽著菸，剛從主舞台下來的女性向男優*及老闆也來到了吸菸區。

「お疲れ様です！」（您辛苦了）幾個大男人卡在同一只菸灰缸，為了避免尷尬，我還是禮貌性地打了招呼，男優跟老闆轉頭看著我的臉。

*女性向男優（女性向け男優）：指在為女性設計的A片中出演的男優，對面貌與身材要求較高，並且會舉辦如攝影會、見面會等活動，類似於成人業界的男偶像。

「我是台灣人。」我知道我臉長得很像日本人，跟我爸媽的蜜月在東京池袋的王子飯店不知道有沒有關係，不過對外我一直說自己Made in Japan。看著老闆跟男優，我用日文告訴他們。

「你要不要當男優？」老闆看著我說，修但幾壘（台語），說好的打招呼呢？

「你不要這樣嚇人啦！」旁邊的日本男優出言阻止。

「好啊，你好！我叫Kenny，是別的攤位的翻譯，負責管台灣的巨……呃～女生們跟SM女王。」氣勢上不能輸，我遞出名片，跟老闆交換了。

「你有Instagram嗎？」日本男優問我，我說沒有。

「有Twitter*嗎？」我還是沒有。

「你有Facebook嗎？」換我問日本男優，他說沒有。

最後我們交換了LINE，在活動快結束的時候，他們跑來了我工作的攤位，體驗了一場台灣式的SM洗禮，為此我們還特別安排了五個女王招呼著他。

「痛痛痛痛痛……我是S啊！」日本男優一邊發出哀號，老闆毫無反應地在旁邊拍照。

「欸！老闆，這樣真的沒問題嗎？」我問老闆，手機沒停下來的他一邊說沒問題一

*日本人使用Twitter比例較高，尤其因為審查制度，Twitter對於成人相關素材的審查相對於其他平台寬鬆許多，基本上可以直接全裸或者露點。

邊笑得很開心，我開始覺得是積怨已久趁工作挾怨報復。

「欸！不要啊，不要扯衣服啊！」日本男優穿的是浴衣，衣襟一扯就開，女王手上拿的鞭子不是情趣用品，是馬術用品！

活動結束後，我發了訊息問日本男優晚上有沒有活動，原本就住在林森北路條通旁邊的我想盡地主之誼帶他們晃晃。

「要不要出去晃晃，在我家附近就是台灣的日本歌舞伎町！」我說。

「我對你家比較有興趣！」日本男優說。

「我家嗎？我家跟動物園一樣欸！」我說，「我家養了五條蛇，還有蠍子、蜘蛛、馬達加斯加蟑螂，就是動物園。」

「什麼動物園？」另一個日本男優說。我似乎沒有拒絕的餘地，就這樣給他們我家裡的地址，十分鐘後兩個男優出現在我家，二十分鐘後兩個男優一人抓著一條蛇玩了起來。整個晚上，三個男生一邊玩著條狀的生物，一邊聊著各種臭男生才會講的問題，同時在與他們的對話中，我第一次自從業人士口中理解了日本A片拍攝的各種內幕跟祕辛（後面有章節述說）。

經歷了幾年與日本人的各種交際，習慣了商場上嚴謹的用字遣詞，日本成人業界的人們似乎反而對那些繁文縟節、日文的敬語措辭不那麼介意，這件事情讓我一時間難以習慣。在與他們的對話中我問他們，成人業界的對話都這麼直接嗎？

「對啊，你看我們對性慾都那麼誠實了！」好像也不能說他錯。

那一天，是我的職業生涯從此歧路難返的日子。

隔天中午，我到飯店和男優們與老闆打了個招呼，他們準備離去。除了三個男優外，同飯店同班機還有另外一個日本女優。

「這是我台灣的朋友，叫Kenny，他家很大很漂亮喔！」日本男優對著女優這樣介紹我。

「真的嘛！請跟我結婚！」成人業界的打招呼方式永遠出人意料。

「Kenny，你要不要抓她奶看看？」在台北市主要幹道南京東路的人行道上，日本男優看著我，一臉正經地說出了超級不正經的提議。

「我胸部雖然沒有很大，但是形狀很漂亮喔！」女優挺起胸膛看著我。

大小姐不要跟著他起舞啊，現在可是禮拜一中午的南京東路上啊！

極度的羞怯下，我顫抖著伸出僵硬的手掌，輕輕地放在她挺起的胸上，D罩杯。

「你是處男啊！」旁邊看好戲的日本男優調侃。

為了女……不是，為了新交的朋友與可能的工作機會，一個禮拜之內我便訂了前往東京的機票，今年的東京，感覺特別熱。

約了兩個男優晚上吃飯，下北澤的街道與車道因為夏日祭典駢肩雜遝，車輛無法進入，一邊吃飯聊天中，他們聽說了我在晚上跟那個胸部沒有很大，但是形狀很漂亮的女優有約，從口袋掏出了睪固酮錠、犀利士、保險套……熱情地塞給我，我人生第一次吃了壯陽藥。

約定的時間將屆，我告知他們我可能要先離開。

兩個日本超人氣男優聽到後一臉正經地，認真地說：「兄弟你趕快衝，這邊交給我就好！」一邊不顧形象在街道上拔腿狂奔，跑了一公里只為在祭典人群之外，幫我攔下一台計程車可以直衝新宿。

情場，就是男人的戰場，這是男優教我的。而為了我的人身安全，我一律宣稱當晚我沒有和那個女優發生任何不該發生的事情。

褲子都還來不及脫……

接下來的幾天，我與當時的老闆相約，既然他都認真地問我，要不要當男優了？既然我就是個傷心失戀男子，既然我人都已經跑到東京了，我決定認真地跟老闆談談關於「當男優」這件事情。

我們約在淺草，現場來了一個DJ、一個製片公司內部的人員。我認真對老闆解釋我在東京住過幾年，不是觀光客，但老闆無視於我的言論，堅持帶我到和服訂製店，訂了一雙木屐給我，也有可能是因為要感謝我幫他先買好了隔年初Mr. Children的台北演唱會門票，有成功拍到馬屁吧？

我們從淺草坐計程車到上野，被帶進了一家日本的酒店中，是有個別包廂的那種，老闆幫我指定了一個漂亮的女生坐旁邊，欸，就算票很難搶也不用到這種程度吧？我看著她深深的溝，決定放棄思考這件事，一邊跟老闆談了一些簽證、需求條件、酬勞、拍攝時間等等細節，但是，旁邊的那盒木屐無論如何都很奇怪。

在那個Netflix還沒推出《AV帝王》*的年代，只要三個小時就能前往日本的年代，日本政府還在期待二〇二〇奧運，而因為奧運，日本政府開始管制日本成人產業。

想當然耳，我的演藝簽證申請失敗，我沒有當上男優。

但，就此開始，我卻一腳踏進了成人產業的世界。

*《AV帝王》是一部由Netflix推出的日本傳記網路劇，改編自本橋信宏著作的村西透傳記《全裸導演：村西透傳》，由武正晴擔當總導演，山田孝之領銜主演。二〇二〇年八月八日上架。

我來自偶然

「你好帥喔！請跟我結婚！」

雖然只是被初次見面五分鐘的女優如此百分之九十開玩笑式、輕佻地初見面打了招呼，我還是認真了一下下，不是關於結婚，是我覺得她可能喜歡我。

還有，她覺得我帥呢！

如果要我描述自己的話，我會說自己是個脆弱的人，比較精準的形容可能是英文的「Delicate」，這個詞大概包含著「纖細」、「穩定性低」這種特質吧？當三十幾歲的我，回頭看了目前為止所有的人生抉擇、或者一路上每一個岔路的拐彎，十之八九，不，大概百分之九十五，幾乎都與女性、與感情相關。

「相較於性慾，我是一個需要感情的人。」這是我常說的話。

我並不抗拒性，只是相較於性，我所缺乏的大概是感情吧？我時常會處於情緒不穩定、焦慮當中，雖然需要感情，但又畏懼麻煩。我從來不覺得自己在感情中是個好人，常常陷入與女人的關係中，然後像是飲鴆止渴般至少填補一部分空虛。

或者對我來說，性行為大概是情感的充分條件之一。

有一部電影《志明與春嬌》中有說過：「人生這麼長，誰沒睡過幾個王八蛋？」近二十年與女性相處的人生當中，我似乎沒有真正碰過什麼王八蛋，那麼如果這句話屬實的話，看起來我才是那個王八蛋……吧？

對於成人業界，對於我所理解大眾對成人業界的看法，大概就有如廁所般：需要，但絕對不是平時檯面上能夠在公共場合大聲談論，或者不是常態性能夠直接討論的話題；某些程度類似於「我今天的大便像〇〇家的咖哩一樣顏色又深、濃度又稀，還帶著一點顆粒……」這種，雖然它發生了，但我們不太會直接拿出來當話題的內容。

我相信，大部分男性死前最後的願望，絕對是把性相關的瀏覽與搜索紀錄刪除。片單、性癖、或者對於性的幻想，常常是我們寧可帶進墳墓的祕密，最好把電腦、雲端儲存的資料跟著自己一起進入焚化爐，然後一起歸於塵土。

前幾年，我高中的學妹突發腦溢血，二十幾歲就突然過世。我們幾個同學、學長姐、學弟妹、還有包含父母的親友們為了幫她籌備一場特別的葬禮，使用個展的方式布置、設計，而因為我們手上素材有限，我們想盡辦法破解了她的電腦登入密碼，並且在其中找尋葬禮可以使用的素材，在翻遍電腦時無意間當然也看到了她其他的資料夾以及搜尋紀錄……這是我絕對不想要發生在自己身上的事情。

而我，在接近業界前，在開始深入了解業界種種之前，抱持的心情與一般男性無異；甚至我從業前，電腦中沒有儲存任何A片，我很刻意地在打開所有瀏覽色情網站時都讓電腦保持在無痕模式中進行。理論上，就算到現在已經從業多年，我的電腦裡面還是沒有儲存任何與工作無關的色情影音或者瀏覽紀錄。

另外一個層面是，幾年的打滾之後，與幾個男優成為了朋友，本來「性」沖沖地準備打開A片、準備好衛生紙、右手滑鼠或遙控器握好，結果片中男主角竟然是自己的朋友，那我到底應該要盯著朋友看他表現好不好，還是專注在解決自己的性慾上呢？但是，看到自己的男性朋友，又怎麼能專注好好來一發？

與其他人不同，我的狀況比較特殊，我是先破處後才有機會看到A片的。

我出生在一個嚴厲的家庭，舉例來說的話，大概就是《蠟筆小新》裡面的風間吧？幼稚園前、幼稚園中會被載到山上壓著計算四位數加減乘除，沒有算完不能下山；小學被送入資優班，學習著超越同齡的知識時，每週各種才藝課程當然也是行程中必然有的內容，琴棋書畫外加英語課程。到高中為止我都過著像長髮公主的生活，每天的行程便是送入學校、下課送往才藝班、才藝班結束回家，完全無法知道「外面的世界」長什麼樣子。唯一能夠稍微有著一點點娛樂的內容，就是在等待接送的空檔能夠在附近的文具店中看看現在流行的玩具、漫畫，而且僅限看看而已，沒有足夠的零用錢，家裡也不允許買回家。

小學五年級時，我考了一個試，所以小學沒畢業，從小五直接升到了國中。

那個年代，網路還處於撥號剛踏入ADSL的時期，不過我能夠有機會接觸電腦的時間比現在中國的限玩令還嚴格，一個禮拜大概不足三小時。那個年代網路還不如現在發達，而我也沒有機會或者零用錢購買遊戲；稍微能夠有的娛樂大概是一個月一期，約一百塊的港漫，在進校門前於學校對面的便利商店買《龍虎門》、《神兵玄奇》、《絕代雙驕》等等……

外面的世界很精彩吧？一定很精彩吧？有PS、土星、天堂、世紀帝國、星海爭霸、暗黑破壞神；能夠在網咖或漫畫王包台，一整個下午坐在電腦前面，跟著朋友對戰、解副本的世界，一定很精彩吧？

十幾年後的現在，我還是不知道所謂的「副本」到底是什麼意思！

國三時，我認識了一個女生。

她跟我生日同一天，似乎是因為一些原因才暫時從貴族私立學校轉到公立國中，家勢雄厚，而我還穿著媽媽買的衣服，或是媽媽淘汰的衣服，同年齡的她只在百貨公司買特定品牌，我只記得那個牌子是一隻雪納瑞。

在國中與同屆小一年最明顯的狀況，就是無論生理發育、無論心智年齡，都不是及時可以趕上的，同時我還在家裡因為考試成績不理想，少一分打一下中。

我好像看到了自由的影子，但那自由離我太遠。喔對，不出意料地，我那時候第一次告白，長得像大雄的我失敗了。

到了高中，對家裡來說我的成績並不理想，上了台北市帝寶隔壁的私立高中，不只髮禁、鞋禁各種不合理要求。圍牆五公尺，還像澳洲防治牛蛙侵入的網子般內凹，無法逃脫，不過就是從國中的備考地獄進入下一個考大學的地獄；國中時期我還被允許在學校圖書館借書回家看，到了高中以後已經演進至課本外的所有雜書一律禁止，遑論電腦、電視或其他影音設備了。

我長高了，變聲了，身材從虛胖變成細瘦，而礙於髮禁，長髮公主的頭髮仍然垂不到地面。

某一天，我又認識了一位與我同齡的女孩……

十六歲的她看起來像社會人士，已經因為缺席，被高中退學兩次，抽菸喝酒、拿假證件嗑藥跑夜店。

正好認識她那幾天家中父母出差，我在晚間有了一些機會與她相處；而高中生的經濟能力，我們只能在公園、或者翻牆進入夜間的小學，在操場相處了幾天。

不出意料地，幾天後，只是ＢＭＩ降低的大雄又失敗了。

追逐著那些與我不同世界的女孩們，我的執念以為自己太幼稚導致無法與她們同步。

「如果我會抽菸、喝酒、嗑藥、跑夜店，我就能接近她們了嗎？」

「如果我會……如果我是……」

漸漸地，我變成了像是現在的我；染上了菸癮，喝酒是常態，甚至在學校專精的科目都是物質濫用。

而我上大學了。

運氣很好，在指考時我位置前面是一個北一女的學生，高中成績考到差點留級的我，因為文科理科都不專長，選擇了文理九科全考，還幸運地在指考靠著前面的答案上了一個還可以的學系。第一堂考的物理我並沒有多想，隨便填完以後就趴下，也不出意料地只拿到了個位數的九分，在五科打六科的情況下還能夠進入醫學院的臨床心理系，可見前面北一女同學的成績有多好。

考完試那年暑假，十七歲，身上帶著兩千塊離家出走。在體驗了自由的同時，更體驗到經濟不自由，當然我也用了假證件試著體驗了我以為的那些女孩們的生活；同時，在暑假中我剛好應徵上了棒棒堂的節目成員，開始了一陣子幕前藝人的日子。

上大學後，我離開家裡獨自居住，或者基本「居住」是單獨的，偶爾也會有人來過夜。在這四年中，我體驗了人生中未曾經歷的自由，甚至口袋攢著僅有兩千塊，星期天坐公車到喝到飽的夜店，有時一個人喝醉回家，有時不是。

大學畢業後，臨床心理*並不是一個很好發展的科目，我前往日本，說是讀了兩年書，其中有一半時間在喝酒，以五十點二的全校最低出席率，以及當屆留學生試驗日文

*台灣考取心理師的資格須為研究所畢業，僅學士畢業並無法考取心理師。

科全校最高分畢業，事實證明酒吧的教學成效與學校不相上下。畢業之後一年就業，開始發現學校所學的日文完全不實用的同時，一邊被罵一邊想辦法讓自己能在競爭激烈的日本企業中存活。後來因為一連串的機緣巧合回到台灣，開始做了演唱會主辦的工作；做秀、做展，同時在毫無準備下接下了紡織業界業、表演業界的翻譯與業務。

一般當工作完成時，客戶都還算滿意。接著，我接到了來自成人展的工作邀約，某一扇門就此默默地打開……

活動執行加上翻譯，抽的菸是黑惡魔，沒有無糖午後紅茶工作效率就會減半。

這是現在的我，請多多指教。

我把你當人看

剛好在二〇一九年，我參加第二屆成人展結束的同時，Netflix上線了《AV帝王》這部片子，上映當天我還跟著兩個日本男優在松山機場，幫忙辦理手續；有一個還跑錯，要去松山機場卻跑到松山車站。

躺在床上看著《AV帝王》的時候，我陡然發現與我有所交情的其中一位日本男優的身影，我特別對螢幕拍了照傳給本人詢問（Netflix無法截圖，只好用最直接的方式），本人回答那是上一個藝名（上一間經紀公司時期）時接到的案子，只是沒有想過會參與

到在整個亞洲爆紅的戲劇。

在這之後，他開始多角化的發展，不只拍攝一般A片、針對女性消費者的A片，甚至擔任了電影男主角，並且一次拍攝三部曲，目前第一部已經上了台灣的知名串流平台。不過因為電影內容是口味較重的BL*主題，還牽涉到像電影《莫比烏斯》*的那種切陰莖的橋段，我不只觀看的時候不太習慣，在看過以後（而且是經過刪減的「白色純真版」）引發了嚴重的閹割焦慮*，還做了幾天被切雞雞的噩夢。

從二〇一八年單純因為幫忙成人展當翻譯的契機，一年後的回首才發現，僅僅一年內世界的進程速度有點超乎想像地快，包含我所認識的幾位日本男優也各自以不同形式進入了下一個階段。

而我也滿三十歲了。進入三十歲的瞬間充滿著徬徨、詫異、混亂的；然而在一年後，我就漸漸習慣，習慣了徬徨與詫異。

成人業界，應該說成人片拍攝業界，是一個非常特異的存在，然後在我們的文化脈絡下，習慣了以「工作」定義了一個人在我們心中的價值；尤其在這個業界，我們眼中看到的對象是一個「男優」或者「女優」。

用著片面的概念，以工作定義一個人，那同時也定義了自己的角色。認識他們的時

*BL為日本人所創之英文詞彙，ボーイズラブ Boy's Love，與單純的同性戀題材又有些微不同，通常內容設定會塑造角色為直男，而在劇情中逐漸轉化等等，主要受眾基本為腐女。

*《莫比烏斯》為韓國導演金基德的電影，內容充滿各種閹割劇情，並藉由莫比烏斯環物理上無頭無尾的特性表達輪迴的概念。

*閹割焦慮為佛洛伊德所提出之理論，內容大致為男性在潛意識中認為自己的力量來源為陰莖，因而隨時處於權力被剝奪「被閹割」的焦慮中。

候，我看到的是年齡與我相差無幾的男生，我們有著共同的臭直男的味道，有著共同的動漫、或者一般男性感興趣的話題，當然，包含了性，而他們只是剛好在工作上與性的接觸較為頻繁而已。

他們有的是身為人夫、已有家室，願意和我談論家庭關係與日常起居；有的是擁有美術相關背景，日常消遣是前往各地美術館看展覽；有的是滴酒不沾，為了降低感染性病風險，不影響工作而過著極度自律的私生活；有的是專業宅男，對所有二次元產品如數家珍，工作上極少有著與人交際的生活……

而對於舞台或螢幕上的人，倘若以消費者的角色接近演員或藝人，那自己也就永遠卡在消費者的身分，與平常在舞台上、螢幕上出現的人們面對面時，自己眼中所見，也決定了自己能夠與對方相處的關係。

最能夠接近自己所想要的產品、產業，最有效率的方式絕對不是消費，而是進入業界成為生產者，從內部與其他從業者交流；也因為同業、從業者的角度，在與相關人士接觸時所獲得的眼光也會不同。我習慣把自己的角色從花錢買，變成想辦法與對方一起賺。

對我來說，前提從來不是面前的人是男優女優，不是某某片商的某某職員，而是人。在與從業人們相識時，我眼中所見為一個人，所謂「男女優」僅是這個人的一部分。

人生的經歷，讓我沒有身為粉絲般對公眾人物抱持的想法與憧憬，可能也因此，這幫助了我在第一次與他們相處時，能夠平心靜氣討論，能夠跳脫看他們在舞台上與鏡頭前的框架，從「人」的角度與他們相處，當然同時，我也是以一個「人」的角色，接近他們。

這個態度，持續到我開始參與台灣拍攝後，仍然持續著。

每次面對時我都會同時記錄他們各式各樣的資訊：居住地區、目前工作、年齡、身高、體重、罩杯、三圍、長度、闊度（圓周，保險套的測量單位）等，但在所有來往對話中，我最注重的反而是與此人面對接下來可能共同工作時最需要的內容，「人格特質」。

以目前成人業界的狀況，無論是台灣還是日本，牽涉到跨國的資金與人員流動極多，意謂遇見任何合約問題，都可能會演變為國際官司，或者合約本身將僅流於形式上的共識；當人格特質與工作性質產生衝突之時，後面將產生的紛爭會比事前合約談再多、餅畫再大還要難以處理。

心存善念，疑人不用。從我眼中所看到的，是各個走進會議桌坐下的人，是願意寬衣解帶、不介意裸露、或者於生活中有著經濟需求的人；無論懷揣什麼樣的心思前來，我寧願以一個人的整體為前提，再討論商品化的可能性。

完形理論的第一概念，「部分的總和不代表整體」。

能夠用部分標籤化一個人，並且以此進行接下來的對話與思考應對方案，是相對輕鬆的一件事，甚至是我們腦部被設計為自動化地歸類以此為憑據與人相處，能夠在認知中跨越腦部自預設的軟體設定時，也許能更清晰地判斷整體形式。

「我把你當人」這句話，乍聽充滿傲慢，但卻是最難發自內心實踐的行為。曾經我在日本做過人力介紹公司，而最常出現的詞彙即是「Black企業」，黑心企業的意思。根據「goo日文辭典」的補述定義，黑心企業為以企業利益為優先，而不顧慮從業人員的人格與人權的公司。

身處一個極端物化人員的環境當中，所有的言語與評價中充滿著長相如何、腿長多少、罩杯多大、陰莖長度等以數據化，甚至使用銷量等現實數字評價著，大剌剌地以部分來代表、指稱人為性投射對象的產業當中，能夠身為一個人、能夠以一個人的身分被對待，是一件難能可貴的事情。

當一個人的美麗可以單純地被欣賞而非意淫，一個人的選擇能被尊重而不是理所當然地無限上綱至覆蓋整個人的狀態，這才是我們與人相處、與人接近時應該抱持的態度。

奧特曼也有身為人的地球保護小隊成員、蜘蛛人還是個叫做彼得．帕克的高中生、蝙蝠俠平時是個叫做布魯斯．韋恩的企業主，那我們能說這些從業者沒有維護世界和平、沒有成為我們的英雄嗎？

而我遇見的是布魯斯．韋恩、是彼得．帕克、是東尼．史塔克，是在多種外在形象、人物設定、社會階層、工作內容，那些外在條件之下的真面目，實實在在一個擁有多面向與人生經歷的血肉之軀。

對我來說，他們是人，他們吃飯睡覺，有著自己的生活，而工作僅為他們人生的一部分，不能代表他，或她。

「只有部分，就算找到所有部分的總和，仍舊無法代表整體。」《完形理論》

日本的五輪碼車

大家都不喜歡馬賽克，片商不喜歡、銷售通路不喜歡、消費者更不喜歡；而演員們只負責演出領酬勞，所以可能是最不介意馬賽克的一群人。全世界只有日本，一邊合法拍攝A片，一邊又用著馬賽克規定著出版，在一個三百人中有一人口有A片拍攝經驗的國度，是一件非常特別的事情。

日本存在著一個叫做「一般財團法人映畫倫理機構」（Film Classification and Rating Organization），簡稱「映倫」，也就是負責對影視作品分級的機構。簡而言之，影視作品的分級將交由這個組織決定，而涉及真實性愛相關的影視作品，是這個團體所不允許的。

馬賽克的存在，源自於日本法律並不允許拍攝性交內容的影音，所以為了「無法證明參與者有實際發生性交」這一前提，日本的所有成人影像都必須打上馬賽克，不僅基於法律，也是片商們自保的方式。

簡單來說，根據法律，日本是一個不能拍攝有性交A片的國家，這也是所有日產A片都有馬賽克的原因（俗稱「有碼」）。

換句話說，所有「無碼」的片子，在定義上都不屬於日本製造。

每個國家都有衛道人士，而在成人產業越發達的地區中，衛道人士的攻擊目標便更明顯。我們潛伏在邊界，悄悄推動著邊界移動，從解放乳頭，到馬賽克的顆粒細緻度，從業人員們努力地把「赤裸」的形象推動至它應該有的原本樣子，往我們所能看到的，肉眼所見時能看到的樣子，挑戰著極限。

每一次挑戰成功，也就是極限又被往後推了一把。

無碼片，利用在國外（通常為美國）設立法人，轉對日本以「進口」方式，規避映倫法規拍攝的片子，也因此沒有馬賽克的片子，開頭並非映倫警語，而是ＦＢＩ警告。

通常這些作品也很難在日本本土的網站、店家、出租店中出現。無碼片的主要正版銷售管道通常面向其他國家，提供伺服器設立於（以日本來說）境外的色情網站，提供消費者購買或租借；當然多數網站並沒有設定網路ＩＰ管制牆、或者ＶＰＮ也可以輕鬆解決ＩＰ問題，如果真的有心，就算是日本人也還是能找到管道。

但是無論是對馬賽克的習慣，還是對於至今仍然會在店家出租、購買A片的日本人來說，可能基於對於正版的執著、可能基於一直以來的習慣，無論動畫或真人A片有馬賽克是一件習以為常的事情；但對於世界上的其他國家，有馬賽克，而且馬賽克不是打在演員臉上的A片是一件非常特別的存在。

在台灣，有一件只要稍微對A片有接觸的人都知道的通俗形容法，「騎兵」與「步兵」；騎兵有馬（有碼），步兵無馬（無碼）。只要能夠理解上述詞彙的，都是觀賞過眾多作品，對相關知識有一定程度理解的紳士。

本來境外公司拍攝無碼片的微妙平衡還持續著，抑或日本政府也對於外國法人的無碼拍攝抱持著睜一隻眼、閉一隻眼的狀況。日本業界對於無碼片也通常使用「下放」來形容；銷售額夠高、占有一席之地的女優，是不會去拍無碼片，或者說不會隨便「下馬」的。

二〇二〇年，東京奧運，或者應該要發生的奧運，從二〇一七年開始醞釀。每年十一月舉辦的東京成人展消失了。

拍攝A片的日本無碼公司盡數消失了。

為了不讓東京成為色情之都，政府的鐵腕讓目前為止微妙的平衡產生了變動，地動山搖那種。

那年，失戀的我應女性向片商的邀請，送出了履歷，因為公司調性所以簽證放水流。

那年，東京還是東京，但東京以下的情色之都萬頭攢動，因為他們感覺到了危機。

那年，無碼的一本道、東京熱、加勒比，一個一個消失；我聽說過半夜帶進警察局、中途金流被阻止、現場警察取締等等新聞，無碼日片，從此消失。

我感受到了日本政府對外國人的不友善、我知道片商尋人的困難，最明顯的是，馬賽克越來越厚。

我的VISA終究沒有申請成功，前面的邀約也付諸流水，無法成為專業男優。在消息確定前，我特意跑到像是我另一個家的日本，約見了許多片商高層，我們討論怎麼讓我成為男優，但更多的是這以外如何跨國合作；然後最多的是，我們去了酒店、見了酒女、過了菸酒聲色的一個晚上。

與對方人員們的交情還在，他們合約到期自立門戶、他們改變藝名轉換公司，我還可以一張機票前往日本，我還可以一句話與對方溝通，我還有他們的電話號碼。

但是，因為日本政府積極準備奧運所做的掃蕩，許多原本預期中能夠拓展的事業也被政府以各種明與暗的方式而成為諸多掣肘。

當時沒有人知道，因疫情，二〇二〇的東京奧運不會在二〇二〇舉辦；沒有人知道，習慣以飛機往來各地、跨國工作等事項，將會從此遙遙無期、至少困難重重。東京不再熱、加勒比沉船、一本道*從此沒有路可以走。

走在路上的步兵在一夜之間消失，隨之而來的就是一波急速的失業潮。不只是日本外的色情網站開始發生片荒，更多的是從業人員回歸線下，反而促進了實體性服務的從業人員增加，有過拍攝作品的人員會因此在同等級的競爭者間能夠取得更高的薪水、更多的客人；就動機來說，許多性服務從事者，尤其是女性，拍片的目的並非為了通告費，而是以此作為跳板，作為自己在酒店、風俗店、泡泡浴等實體色情產業的宣傳或噱頭。

隨著政府對於拍攝相關法律漸嚴、規定愈加繁雜，線上機會被縮限時，更多以此為

＊東京熱（Tokyo Hot）、加勒比、一本道皆為日本前幾名以拍攝無碼片為主要收入的片商。

專業的人們只會流向線下。

「因為有馬賽克所以……」是一種在業界，對自己地位的宣言，也是日本從業者對自己畫下的一條線。

大家都喜歡看無碼；但演員的自我認知中，都會盡量避免拍無碼片。

本來遊走於法律邊緣，並不屬於日本片商的無碼片商們，在為了奧運會而更趨嚴格的政府，就算對方法人設立並不在本土，日本政府開始對相關金流進行管制、想辦法針對片商的代表人找麻煩，甚至聽片商代表闡述自己在半夜被逮捕，差點把五歲的小孩直接送養等情節。極度強硬的管制與取締下，幾乎是在半年內讓無碼片全部停止拍攝，而所有的出版也在一年內，出清存片後全數消失殆盡。

也就是說，當這本書發行時，任何能夠找到的日本無碼片都至少是五年前拍攝的。

一次奧運，翻轉了成人產業的盤，讓大家都回不去了；也是那年，我剛開始與成人產業產生真正商業上的接觸。

Part 2

這天的東京很熱

——日本的A片文化與行業內幕

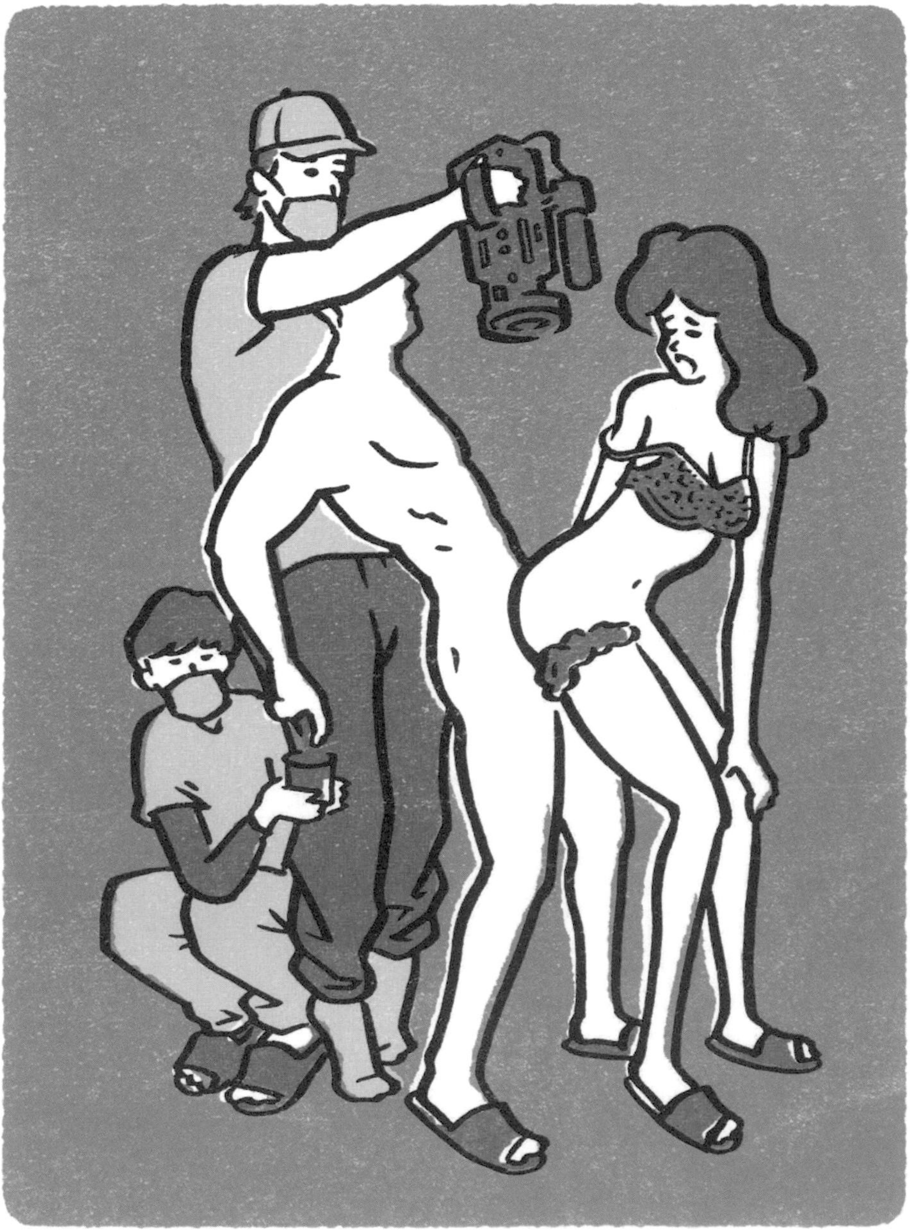

雞雞復機機

二〇一八年成人展我在吸菸區結識了兩個參展的日本男優以及當時負責經紀公司的老闆，因為年紀與男優相近，幾個臭男生開始聊的內容也差不多，也沒想到當天晚上他們兩個已經在我沙發上，玩著我的大蟒蛇，嗯，是我養的寵物蛇。我們也開始聊到他們入行的契機以及在行業經歷過的各種事情，這是我對於日本成人片業界內容了解的開始。

A男優大學主修與藝術相關，所以畢業以後也從事了相關的工作，包含一般攝影助理、以及A片的攝影助理，在經過幾次的拍攝經驗後，突然導演找了他，問他有沒有興趣下海當男優，原因是「他看起來夠色」，他就這樣一口答應了。在十幾個小時前我們剛認識的時候，他就曾經自豪地對我說：「欸！Kenny，我跟你說喔，我一天一定要射三次，如果我沒有對象的話，我也要自己尻出來！」

等等，這是對剛認識十分鐘的人該講的話嗎？

而以他這種天生神力的體質與慾望，如果加緊腳步的話，等於一天可以拍攝三部片；某次他來台灣的時候我問起了他的狀況，而我當時的女朋友在旁邊，他回答道：「目前狀況大概月休二十五天，反正需要的話，我一天就能夠拍三部了。」職業病發作的我，沒有多想就翻譯給當時的女朋友聽，霎時她露出了睥睨的眼神看著我，只說了四個字，「你要檢討。」

而A男優也就因此開始了男優生涯，身為與眾不同的性慾怪獸，加上他偏偏頭腦又非常好，理解力與領悟力極高，對於工作上的要求幾乎在無陣痛期、無適應期地迅速上了軌道，一路就這樣做了下來。

某次，我在台灣接到了一位因跟某歌手長相相似而在華人圈廣為人知的日本男優，包辦他在台灣與保險套宣傳相關活動的舞台翻譯。他說他的父親是業內人士（沒想到這行也有傳承），一開始是幫忙性質地擔任工作人員，也是因此在某次缺乏人手的時候下場頂替，從此入行。當然那是在二、三十多年前的事情，後來業界經過了許多改變，也增加了許多規則，例如需要一個月內指定醫院的指定項目體檢證明等，這種「突然缺人所以臨時被叫下場」的情況已經幾乎不會發生。

另外一位男優B，則是什麼工作都做過，加油站打工、餐廳、男性服務員風俗店*等等，進而積極主動前往片商應聘；雖然一開始表現不甚理想，一開始的那段時間還需要靠藥物的幫助，但是經過努力與習慣、加上經驗的累積，平日認真進行食物與健康食品保養、健身、心態調整後，才終於爬到能夠穩定輸出的現階段。

我也同時了解這兩個人為什麼感情會這麼好，一個是千年一遇的不世天才，任性妄為，並且明確認知自己的目標與做法；另一個身為後輩，經歷過各種風霜後終於能夠找到自己喜歡並且相對穩定的工作，逆來順受。以比較簡單的概念來說，一個攻、一個受，一個S、一個M，一個失控、一個安定，也讓他們兩個無論在工作上還是私底下形成了完美的雙人，是一個俺一個僕*的組合。

二〇一九年初，當時的經紀公司老闆跑來台灣看Mr. Children的演唱會，當然票券是身為演唱會主辦的我幫忙準備的。我不斷強調「當時」是因為，在這之後的一個月內，

*日文「風俗業」的意思為與性服務相關的店。

*基本概念上日文自稱的尊敬程度為「私」（watashi）、「僕」（boku）、「俺」（ore），在對話中的自我稱謂同時代表了自我認定，與和對方的關係認定由疏至親。

他就因為虧空公款被母公司發現，從此被逐出了業界。

而在演唱會外的時間，我把他介紹給了已經開始涉及成人議題的政治人物，我也同時問到關於公司挑選男優的管道（這家經紀公司以女性向片為主，所以主要收男優）；他告訴我，公司通常會從舞台劇演員裡面尋找適合的演員，因為劇場演員不僅具有演技、高強度的練習磨練讓他們體力能夠承受表演與不會NG的能力，加上劇場普遍收入不豐，最重要的是，他們已經習慣在人群注視下進行表演了。唯一的困難點是，舞台表演者，尤其是男性，同志的比例比其他行業高了許多，常常在約談以後才發現對方想督的不是女生的陰道。

因為有過這段談話，當我轉回台灣開始拍攝，在找演員的時候提供了我一個非常實際的做法，對於我在台灣成為經紀人時有著相當大的幫助，在往後的篇章會再詳細描述這段經歷。

至於AV女優挑選，最簡單直白的是站在鬧市路上，對路過的女生進行搭訕，這時候通常經紀公司會派長相討喜的人來做。以東京來說的話，A片星探最常出現的地方是澀谷，因為比起歌舞伎町、新橋、池袋等地方以餐廳、酒吧、酒店與牛郎店居多，而表參道的路太寬，並且不太有適當講話的地方，隔壁的原宿又大多是高中生。澀谷百貨公司林立，但仍有著夜店與酒吧，相對能夠找到外在條件優良，並且對物質有所追求女性，成功機率相對大很多；成人產業終究對於多數人來說是相對高收入的工作，對於想要賺錢，或者急需用錢的女生來說，還是有著一定程度的吸引力。

不過，長得好看的星探不一定頭腦或眼光就好，在東京我也曾經碰過我身邊女伴被直接搭訕問要不要拍片的經歷，我不太清楚他是不怕被打還是被打習慣了，或者動手的話可能換我被打，我直接拉著女生離開了。

要的話也絕對是我自己把她推下火坑啦！

另外一個管道是因為日本性交易是部分合法的（原則上是禁止性交易，但是有灰色地帶）；是的，只有部分合法。有一個說法是因為一九八〇年代時一位性工作者得到愛滋去逝，因此政府立法使性產業的陰道性交，也就是日文所謂的「本番禁止」*，也因此將「素股」*這個技巧發揚光大。

但奇怪的是，男女間的肛交性交易是合法的，因為肛門在日本定義中不算性器官。也就是因為這些麻煩又奇怪的規定，為了避免語言隔閡造成的麻煩，才形成了日本風俗業基本不接待外國人的傳統；問題不在國籍或人種，而是害怕文化與語言所造成的事

*本番禁止，本番指的是正式的性行為，陰道性交。

*素股為女性用大腿內側夾緊男性陰莖，使男性達到如同性交快感的技巧。

故。

不過如同歷史上，或者現存的每個國家，永遠可以找到賣春這個最古老的行業，在日本也當然存在著可以進行陰道性交易的管道；不過更多的是繞了一圈找到能夠「本番」的店家，結果服務員是中國人就是了。

回到招募話題，尋找AV女優的時候，有一部分會從性工作者方吸收來。首先性工作者們習慣了性行為、甚至習慣了「表演」性行為，對於來客每個都說：「好大！好猛！好舒服！要高潮了！」再者，更多性工作者在拍片的同時，仍然持續著線下的進出口業務，而參與過拍攝後不僅可以提高自身價碼，也有極大的機率增加客流量。

簡單來說，就像性感女星無論如何也要出一張用Auto-Tune修出來的專輯，才能夠接到各種商演或者尾牙春酒的演出一樣。

對片商來說有相對專業的表演者可以參與演出，而對演員來說這是抬高身價並且宣傳的好機會，而日本除了有匯集、分析哪些AV女優在哪些風俗店、酒店工作的網站外，也有專門以「服務員為AV女優」為賣點的酒店、或者酒吧，或者甚至是由片商經營酒吧，讓非一線無法僅依靠拍片收入生活的AV女優們能夠擁有穩定收入的方式之一。

再來，就是線上的藝人；通常當紅的藝人、不紅的偶像、性感女模爆出援交、吸毒等醜聞之時，也就是片商蠢蠢欲動的時候。目前排名永遠前十的三上悠亞，原本是ＡＫＢ姐妹團SKE48的成員，因為與粉絲交往、與男友調情等畫面流出而被迫退團，轉向成人業界；退隱不久的高橋聖子是因為被拍到援交畫面，索性從性感女星直接把衣服全脫轉職ＡＶ女優；而在酒井法子、澤尻英龍華等女星爆出吸毒醜聞時，第一個蠢蠢欲動開出高價的便是片商們。

黃賭毒不分家，而大家對於ＡＶ女優私生活的容忍度反而相對較高，因此任何藝人的負面新聞對片商來說都是契機；而當然藝人滿天飛的日本，就算女星轉職為ＡＶ女優仍然有不勝枚舉無法翻身的例子，但拍攝A片確實是窮途末路藝人的另外一個機會。

最後，自己前往片商應徵的當然也是一個管道，無論是為了錢、為了名、或者單純想要展現自己……各種理由都可以是參與拍攝的理由。

而拍攝，從來不是想像中腿打開就好這麼簡單的事情，接下來，我們準備開機。

Action！

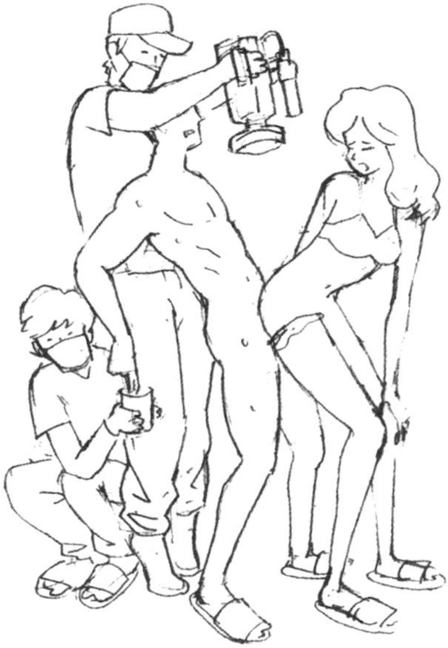

一切都是幻覺

某一天，凌晨四點，我還癱在沙發裡，盯著電視、抱著搖桿，與人連線PS4的《魔物獵人》，遊戲機是朋友送的，遊戲附在裡面。就在我打怪打到一半，手機突然震動，一個分神後我就被貓車*送回家了。

在二〇一八年剛搬家的時候，我邀請一群高中一起打辯論比賽的同學與學妹們來家裡吃飯，其中有一對夫妻，高中畢業後交往，當時剛結婚，兩人都是律師並且已經申請好學校準備一起去紐約讀書。計算起來他們交往時間是十二年，同樣的十二年我經歷的

*「坐貓車」是《魔物獵人》中被怪物打死的術語。

人數可能是他們的百倍有餘……「與一個人」，而且只與這一個人共同相處十二年，是我無法想像的體驗。

席間我提到我沒有買ＰＳ４的原因，是因為我對於電玩容易成癮，一坐下去就沒日沒夜曠日廢食，絕對會影響到工作等等，男方突然說：「我們要出國讀書了，我的ＰＳ４可以送你啊。」

我還在一邊猶豫地說，「欸！其實買一個變壓器就可以帶過去了……」同時，男方直接扯著我進了廁所後把門關上，咦！我廁所只有一個馬桶，沒辦法一起尿，而且你老婆我同學就在門外啊。

「你不要吵，這樣我才能買PS4 Pro啦！！」他壓低聲音說。

一個禮拜之後，我家裡就多了一台ＰＳ４與兩枝搖桿。一台飄散著已婚男人無奈的ＰＳ４。

凌晨四點，我查看訊息，看到一則，「ね〜ケニー！台湾に行ったら案内してくれる？」（欸〜Kenny，如果我去台灣的話可以帶我出去玩嗎？）是當初成人展的其中一位日本男優。

我回答：「もちろん！来るとき教えてくれたら時間空けとくよ！」（當然！你要

來的時間跟我說，我會空下來！）我想在這種時間應該也不會立即回覆了吧？

「今台湾」沒想到一分鐘以內，沒想到會是這個答案，他說自己已經在台灣了，我只能把遊戲收一收，叫他過中午後來我家集合。

我忘了我給過他地址，我更忘了我竟然還給過他鑰匙！隔天一個人直挺挺地站在我床前，突然大叫一聲，把我晨勃都嚇到軟掉，我已經不記得多久沒有男人叫我起床了。

在此幾個月前，因為他的緣故，我有幸參觀了拍攝現場，比起慾火焚身的感覺，更多的是「蛤～原來是這樣！」的震驚跟敬畏，直徑七、八公分的鏡頭外，還有相機的特效濾鏡下存在的真實情景，才是真正讓人瞠目結舌的地方。

A片拍攝，不是兩個人性交這麼簡單，而兩個人進行的行為甚至不能算是性交，應該算是特技加上特效的合輯；又由於日本的法律規定國產片必須要有馬賽克，並且要是能通過映畫倫理委員會審查的模糊度，所以在馬賽克的遮掩下，日本也演化出了一套消費者無法辨別的拍攝方式……

身為直男，而我又是從男優方開始了解，但我完全無法想像自己能夠做到他們所做的任何工作內容……

男優隨身攜帶三件物品：片商配合醫院的體檢證明、保險套、壯陽藥。通常壯陽藥只是心理作用，以他們的口吻來說就是「御守」，當知道還有藥物的時候就安心了一半，在拍攝時是不用吃藥的。

現場二十餘人、要配合導演要求體位與時間、同時保持勃起，而且不用吃藥，能夠做到這件事情的人，不是變態，就是真的很變態。

「口交戲」要準備開始，在倒數三、二、一的時候，男優已經勃起，並且戴上了保險套……

後來，我們在台灣吃晚餐時（也就是我睡到一半被嚇到晨勃軟掉那天），他告訴我業界規定是全程需要戴保險套，某些時候甚至包含口交；意思是女優在口交時候感覺再開心，其實可能只是滿口的乳膠味，像是嘴巴裡面含著橡皮筋的味道。

接下來是「手指愛撫」，男優的指甲剪到甲床底，剪到底後還需要將往上的直角磨平，連甲床側邊的硬皮都細細地去除，平均修剪指甲的頻率大概是一週到十天。

過程中，只要女優有任何出戲的不適反應就會立即暫停拍攝，從陰蒂附近開始按摩卻不會直接接觸陰蒂，繞到陰道口，再從陰道口漸漸往上牽引，以陰蒂為圓心開始用手指頭劃著不同圓周的同心圓。更重要的是，旁邊永遠有一個攝影助理拿著一個紙杯，裡面裝著約半滿的潤滑液，男優時不時地就會把手伸進潤滑液中，再把手放回女優的性器官。

之後，男優把手指頭整支浸入紙杯中後，開始把手指插入女優的陰道，一隻、兩隻……再開始慢慢用力，並且調適位置，看起來應該是找到傳說中的G點了嗎？其實是導演在旁邊說：「這邊高潮一次喔！」隨著手指的運動頻率，女優的身體開始些微地抖動，叫聲的音頻開始變得跟開始時不太一樣。

「卡！」調整機位

導演喊「卡！」男優的手立即離開女優，而就算在離開前，原本狀似享受的女優聽到「卡」的瞬間，臉就像倫敦鐵橋一樣垮下來，腿開著的女優在男優手抽離前，已經把自己的情緒抽離了。

機位調整完，開始進入「性交戲」，在還穿著衣服的時候就已經預設好的動作、時間、結束方式，三、二、一，就在這三秒間男優勃起，並且戴好了保險套！

體位一是「後入式」，顧及鏡頭拍攝角度問題，男優把女優的左腿抬了起來，讓攝影師可以拍攝到特寫。不過，我很確定攝影師的頭，撞到男優蛋蛋好幾次；另外一位攝影師代替了男優的視線，從上到下拍攝了性交插入的過程，男優也很自然地把頭讓出來給攝影師。

這時候男優處於頭往後仰九十度，視線只能看到一個攝影師的頭，左手還要持續施力抬起女優的腳，同時腰部與腿部往前頂繼續衝刺，但是蛋蛋還會時不時與另外一位攝影師的頭相互摩擦的狀態，整個人呈現了只有在JoJo*裡面會看到的S形姿態。

*《JoJo的奇妙冒險》為日本知名漫畫，以其中人物常擺出不符合人體工學的姿勢聞名。

「卡！」精準射擊

又一次像是什麼都沒發生一樣，兩個人迅速分離，像拳賽鈴響般回到各自的角落；但就算在暫停中，男優還是直挺挺地站著，在沒有吃藥的狀況下。

這次拍的內容是「中出」，也就是在陰道內射精的意思，男優始終硬著，而保險套也穩穩地套在他的陰莖上。在這之前劇組已經調好用奶精、潤滑液、嬰兒食品加稠劑所做出來的假精液，滿滿地一整杯用圓頭針筒抽出來等著。

倒數「三、二……」的時候攝影助理將針筒前端沾了潤滑液後放入女優陰道，「一」的時候注射完成瞬間男優將陰莖插入，狀似抖動後退出，接著攝影機繼續聚焦在女優的陰道口，直到剛剛調配的假精液緩緩流出……

「卡！」

「お疲れ様です！」（大家辛苦了）

而我眼睜睜地看見男優的陰莖還直挺挺站在那。

但是我對男生沒有太大的興趣，我不太想知道他後來怎麼解決的。

「我沒有拍過無套的片子呢！」這對於某些日本從業演員來說，是一種自豪。

在台灣吃完晚餐後，依照日本習慣我們找了一家酒吧，他不喝酒但是喜歡水煙，所以我找了一家水煙館，老闆是韓裔日本人，戲謔似的在酒吧角落放了幾個陰莖形狀的娃娃，我們兩個與老闆聊過後，他請男優在陰莖娃娃上面簽名。

「何を書けばいい？」（要寫什麼好）男優問。

「寫『杯修趕某』。」（台語，來一發吧）我說，然後把字寫在便條紙上讓他照抄。

到現在，那隻娃娃還在林森北路某個酒吧的吧台上，對每個客人打著招呼！

我願化身石橋，看著富士山的日出

性與愛的分離與鑑別常常在各種關係討論之中，二〇二二年奧斯卡獎中，威爾・史密斯的那一掌打出了許多討論。女方承認「出軌」，而男方則以「開放式關係」回答。什麼是「開放式關係」，簡單來說就是不把人限制在一對一關係中；當中有性、當中有愛、當中有各種不同的相處模式，這就是開放式關係。

至於開放程度，就交給當事人們去處理了。

但是當我們討論到開放式關係，我們碰到的是更開放的，出版行銷的，將之赤裸裸攤在所有消費者面前的關係！我經歷過數次在現場觀賞一位女生在與三位男生纏鬥的，除了陰道塞了一根陰莖外，左右手各握著一根，就像騎哈雷機車一樣；而在拍攝進行同時，我與她的老公在旁邊抽菸聊天的情況。

那麼，就算我們理解了開放式關係，演員的自律仍是個問題。

至於其他從業者的狀態，關係到科學上一個被稱為「閾值」的概念：理論上幾乎所有刺激，都會隨著接受的次數越頻繁、強度越高、導致需要達到達同樣效果所需的量有所增加，而「達到達同樣效果所需的量」，便是所謂的「閾值」，簡而言之，類似多喝酒時酒量就會越來越好的道理。

暫且不論需要維持變態、繼續變態的男優，或者天生具有生理優勢的女優，其他參與者，尤其身為男性，如何保持自己對性刺激的閾值，也是身為從業者的一項功課。

有一部分的工作人員為男同志，對他們來說這就是一份在旁觀察的工作，不會有什麼嚴重影響。不過有一件小事可能大部分直男不會知道，當男同A片中的演員戴著耳機，視線對著鏡頭外，通常那位演員是直男*；為了能夠順利工作，在鏡頭外會放其他男女優的A片，再將聲音傳至男優耳機中*。

現實中存在著只能由A片滿足性慾，無法享受真人性愛的人，電影《超急情聖》

*有些A片拍攝中會有同志組員，所以現場的男女性愛對他們來說不會有性慾上的影響。

*也有異男演員會出演同志A片，但因為他對同性沒有辦法激起性慾，會藉由其他刺激（耳機中的聲音、畫外的A片播放等，讓拍攝順利進行）來完成演出。

（Don Jon）中的角色設定與電影主軸便是由此展開，男主角在做完愛之後還需要開啟電腦打一槍才能滿足。工作人員對於現場演員的緊密接觸、甚至從一開始撰寫腳本時就要試圖構築對女優的性幻想。要維持經歷過目睹現場後，還能擁有自己的正常性生活，理所當然需要做出相應的調整；調整想法，或者調整人生。

心態的轉換是一件有趣的事情：有研究指出某些口吃患者在使用其他語言時會明顯改善、另外有研究指出人在使用不同語言時，可能會伴隨不同的人格切換。我選擇在「工作」與「生活」中設定開關，當工作模式開啟時，眼前所見都不帶太多私人感情，在拍攝結束後關機，由此切分工作與生活的差別，維持性生活的品質，在私生活上我仍然能夠對性刺激保持著夠低的閾值。

前提是要有性生活，很可惜大多時候我沒有能夠發生性行為的對象。

性與愛從來沒有辦法完全分開，而當我們從事性產業的同時，工作要求我們必須違背人性，保持著完全女性；男優與女優只有在拍攝的時候交錯、交配，於拍攝結束各奔東西，然後繼續做著各自的工作，是最理想的狀態，而工作人員與演員的關係也僅止於拍攝現場開始與結束。

這一行有很多規則，如男優跟女優在現場是不能交換聯絡方式的；雖然兩個人都裸體的前提下到底該把手機藏在哪裡也是個謎。演員們來是為了工作而非享樂，我們是一個為了多數人的性而違背人性，極端的一個行業。在要求參與者們必須擁有超乎常人的性驅力、性能力的同時，卻又希望他們能夠同時達到最大程度的自律。

「每一句標語後面都有一個故事；任何被禁止的事情都代表了它會發生。」

這些規則後面參雜著許多的考量，演員對於公司來說就是「商品」，而「商品」必須要在經過包裝、經過設計、經過許多管制再推出的；從另一個角度來說，演員們私自的交流與對商家來說與偷盜無異，對於公司來說牽涉的不僅僅是金錢，更大的是公司面子問題。

只要涉及黃、賭、毒，後面的勢力都從來不簡單，所以處理的方式都會相對簡單。

在從前，當一個人心裡有個不可告人的祕密，他會跑到深山裡，找一棵樹，在樹上挖個洞，「將知道祕密的人埋進那個洞」，再用泥土封起來，這個祕密就永遠沒人知道。不是《花樣年華》*。

我願化身石橋，受那五百年風吹，五百年日晒，五百年雨淋，「只因我在她體內進

*改編自電影《花樣年華》名句，原文為「將祕密告訴那個洞」。

出過」。不是《劍雨》*。

以上描述處理方式，都切切實實存在，而且現在仍然在進行當中。鑒於現實上主要支撐市場的消費者為男性，女方可以安全退場的機率相對來說高很多，而男方將會面臨到的事情是連我在學校修了四次解剖，經歷過四年大體解剖都不敢想像的。

男優的「處理方式」，也就是違反規則後很容易被滅口，但屍體的處理方式並非大家所想的內容，相傳惹到黑道的人會被做成海邊的消波塊。

另外的一個小知識是，消波塊其實不是一個適合處理人體的材料，因為人體在腐化過程中會產生氣體，會有讓水泥裂開的風險；比較安全的做法通常是熔進瀝青中，再於修路的時候直接輾進馬路。當然，水餃餡可能也是一個選項。

在我的職業生涯中，在日本與台灣都碰過類似的狀況。

與我長期合作的日本男優突然宣布與經紀公司解約，而因為藝名版權屬於經紀公司，所以連藝名也換掉，原本預計的拍攝與演出也一度中斷；再次見面的時候，我只聽著他繪聲繪影地告訴我，自己如何努力在原經紀公司與對方經紀公司已經在討論要埋在哪個山頭的狀況下，不僅僅存活，還能繼續發展。

我似乎聽聞到了關羽如何在曹營生存與過活的現代版，聽完以後我認真地體悟到，

* 改編自電影《劍雨》名句，原文為「只求她從橋上走過」。

天道可能不一定酬勤，但會酬皮。

而在台灣呢，某一次的機會，有幾位女優與我的男優在酒吧巧遇，理所當然大家都是賀爾蒙旺盛的人類，幾杯觥籌後連空氣都變成粉紅色的。身為一個專業的經紀人，或者可能只是因為我睪固酮濃度不夠高，我把隨身攜帶的犀利士與保險套放在吧台上，結帳後便提前離開。

「我什麼都不知道！」

「不要告訴我發生什麼事情，那我就不用說謊。」《蝙蝠俠：黑暗騎士》

隔天，男優「只」把完好的保險套還給我，好像哪裡怪怪的？

二〇二一年初，似乎有哪一條橋開工、哪條馬路又在開挖了。

偶爾會有特例，例如在從業前已經認識的對象，在踩線邊緣卻不在被規定的範圍內，或者至少沒有明文規定的潛規則中，對於這一點是不受此限制的。

曾經，我也感受過每一次的心動，可能不是我的心，是我看到某位女優讓我下半身開始攢動；曾經，我也是在光華商場看到漫畫標題、書籍封面就必須要忍住心中衝動的年紀與狀態；我甚至記得，在PSP的年代，只因我的機器是日規，才能讀到日本的電影區碼，而在下課時候同學圍著我PSP看片的情景。

以上皆為正常現象，更甚者，經歷了年歲、人次及相關工作的經歷後，對性刺激敏感其實算是一件值得驕傲的事情；過了三十歲的我們，經過歲月與媒體洗鍊的我們，在不斷被各種刺激去敏化的同時，我們還留存了自己。

留存了自己的本能。

我們，是一個違背人性，只為成就多數人性的行業，一群工作者。

或者是山間的一棵樹，或鬧市的一條馬路。

MAKE
LOVE
NOT
WAR

滿身大漢跟滿身大汗都是真的

如果要問我對於片場最直觀的印象，我會直接回答一個字：

「**熱**」。

二十幾個人擠在十坪的空間中，大部分的工作人員又都是男性，加上打滿燈光與無法開空調的限制，就算窗外在下雪。

如同伴隨著專門的開場樂與現場不停止的招牌快門聲，男人們能夠想到的詞彙其實就是對於片場最好的形容詞：東京，熱。

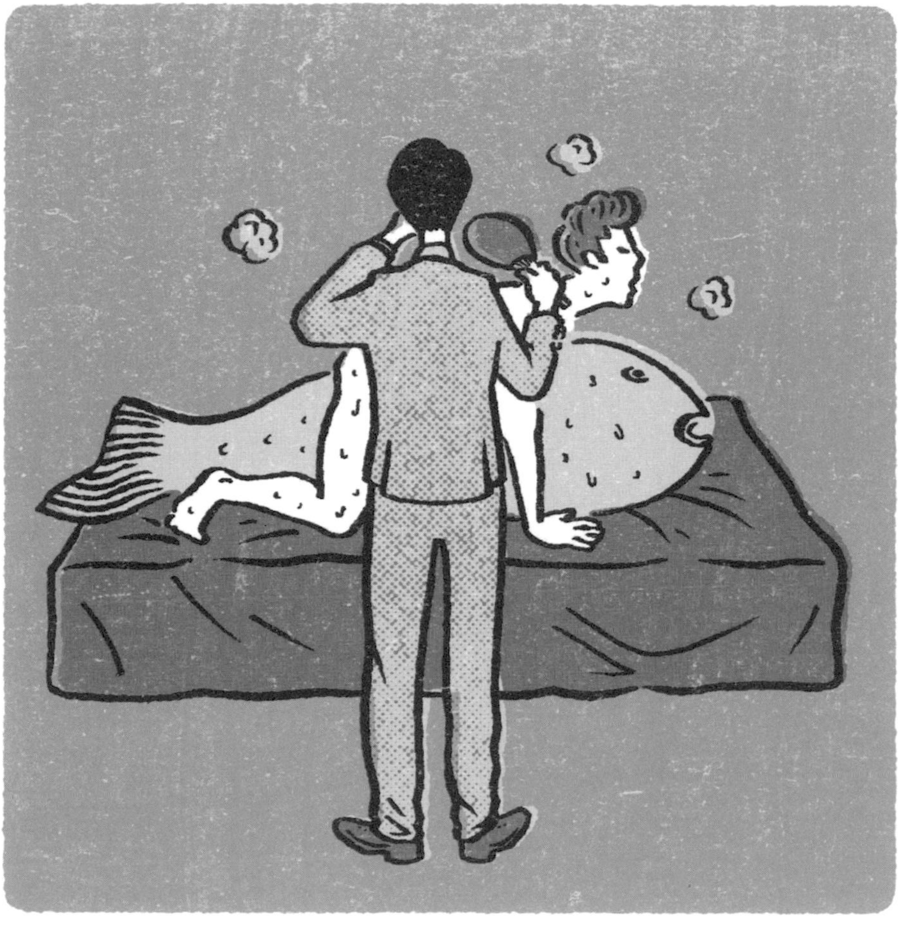

話說，「東京熱」所拍攝的內容在日本是屬於外銷產品，大部分的日本人對其並沒有太大的接觸，這件事情也是在入行之後我才知道的。而這又與日本人對於正版的消費習慣、以及生活、甚至A片觀賞習慣有關，之後的篇章將會詳細解釋。

某些時候，無知是身為消費者最幸福的事情，有鑒於目前科技上的限制，讓影視作品能夠保留它該留給觀眾的想像空間，讓結果呈現出消費者想要的樣子，在欣賞作品的同時脫離現實情況，保留了對作品的美好想像。

就算拍攝技術與螢幕從類比升級到了4K，音響從雙聲道演化至環繞音響，還帶重低音，螢幕與音響還是不會產生味道。閱讀此章節意謂要冒著從此以後無法認真欣賞A片的風險，知道太多有賺有賠閱讀前沒有公開說明書，如果想要維持自己往後欣賞A片、享受A片的能力，請直接跳到下一章。

那麼，潘朵拉的盒子即將開啟。

某一次，某位日本男優私人行程來台灣的時候，我帶他去了台灣的秋葉原光華商場。除了各種電子產品、手機電腦的店家以外，光華商場永遠不變的傳統還有兩樣：盜版A片與情趣用品店，而這兩者通常會複合式的在同一家店面經營，或者同一棟的上下層樓。

在逛街的同時，我對他解釋了Ａ片販賣業在台灣的發展歷程，包含版權與法律的變革，以及市場區位所形成的產業形成原因，包含盜版Ａ片產業形成的歷史原因與台灣的政策轉變等。對，大家在看Ａ片的時候，我在幫日本人上台灣社會歷史課。

我在十幾年前高中時候去過的地方，在光碟機幾乎被淘汰的年代竟然還在營業，我一邊感到詫異一邊跟他說著我高中的事情，他自己倒是樂在其中，甚至翻到許多在日本已經絕版的片子，從一個盜版的受害者變成盜版的受益者。

高中的時候因為家庭因素，為了要我專心學業，我過著沒有電腦的生活，在沒有智慧型手機的年代，沒有電腦代表沒有了大部分的娛樂，我只能混在學校的圖書館，每天看不同的書，幾乎把小小私立學校的小小圖書館所有書都翻了一遍。

唯一能夠稍微自由活動的時間，大概只有段考半天課的下午，我被同學帶到光華商場，準確來說是「新光華商場」。熟門熟路的同學帶我到他熟悉的店，我攢了幾個月的零用錢也只夠買幾張片子，一千塊對於高中生來說已經是一筆不小的費用，我基本上只買得起ＶＣＤ＊。

又因為我長期混在圖書館，混到我已經開始幫忙登記借書、還書、掃碼與歸位，我從圖書館小姐手上借到了小台附螢幕的ＤＶＤ播放器，她應該不會想知道我到底對那台

＊ＶＣＤ為使用800MB的ＣＤ作為載體的儲存模式。

機器做過什麼樣的事情。

在跟男優講述這些事情的同時，男優並沒有很想理我，也沒有想知道我的青春回憶。看著牆上的女優排行榜，他開始評論：這個脾氣很差、這個很會遲到、這個是條死魚、這個是條死魚而且是有味道的死魚之類的。

而我完全可以理解他的形容。

在拍攝現場，除了因為溫度影響造成全部的人大汗淋漓外，女優的身體狀況也是一個難以掌握的因素，可能因為月經快來，可能因為月經剛走，甚至可能因為月經中，往陰道內部塞了紗布或海綿等輔助器具以方便拍攝，就算男優在進出時會有感覺，只要視覺上不會影響拍攝進程都不是問題。

現場除了汗味，還加上富基漁港的味道。我聽說過女優在月經來的時候塞了紗布，但是連自己都忘記導致紗布在體內留了快一個禮拜才取出的故事*；而我經歷過在離合體現場七公尺外，同個房間內，甚至到男優中途整理時經過我面前一公尺時仍然散發的，濃濃的、徜徉在無垠大海中的氣味。

而拍攝中，只要參與者超過兩人，對所有參與人員來說，所需要負擔的工作量都不會是兩倍開始，而是二次方起跳。

＊衛生棉條使用超過一天未更換就容易引發感染、急性敗血症，請不要嘗試。

「兩男一女」的情況下，就算是一前一後（口交加陰道性交），為了符合攝影機能夠抓的角度，男優的身體必須要盡量後仰，而鏡頭通常只會拍到女優的身體以及在口中與陰道中的兩根陰莖，但真正掌握性行為節奏的是兩位男優，這也意謂男優在一邊進出女優的同時，還需要配合彼此的進度；女優身體裡面沒有裝彈簧，不是避震器。

意思是，雖然進出的是女生的身體，男優的視線其實大多需要停留在另外一個男人的身上，更甚者身體動態的重點是男上加男的溝通，才能促成拍攝順利進行；曾經，我目睹過在女優「啊！」稍喘的下一秒，被口交的男優喊了暫停，之後我看到兩條略帶血的門牙痕留在他的陰莖上。身為男性，光是看到這一幕我已經差點縮陽入腹，而我還是經歷過好幾次大體解剖的人。

日本男優在盜版A片店家指著某個女優說道，與她拍攝的時候也是兩男一女的劇情，前輩在進出女優陰道同時，他要一邊舔女優的陰蒂；那一場讓他舔得戰戰兢兢永難忘懷，他嘴巴近到只要前輩一個不小心歪掉，可能就不是插入女優的陰道，變成他幫前輩口交了。

更困難的狀況是DP，不是死侍（Deadpool），而是Double Penetration，日文叫二穴，也就是肛門與陰道同時插入的狀況。如果女優沒預先灌腸與清潔不夠完整、經驗不足，男優的陰莖會變成巧克力Pocky都還只算是正常狀況。一前一後三明治般插入的同時，兩位男優的陰囊會像彗星撞地球那樣不斷互搥！而男性被設計成在性興奮時陰囊會緊緊收縮，所以在拍攝的時候所感覺到的不僅是不小心甩到、輕輕接觸，而是緊密貼合的兩顆核桃在碰撞、摩擦、大概連各自的皺褶都要互相貼合的程度。

再強調一次，影音是不會有氣味的；而現場，這種時刻很有可能就像在夏天時十個人塞進一間富基漁港的流動廁所般，汗味、海味、糞味，然後會再加上洨味*。

曾經有一位歐美的女優在受訪時說過：「肛門就是糞便的家，你要去到對方家裡，然後期望對方不在，這件事情本身就不太合理了；他本來就該在那邊啊，『那是他的家！』」而她在形容這件事情的原因是在拍攝3P肛交戲*的時候她臉上被糞便滴到。

至於「兩女一男」的狀況，本來顧及一位女性而調整拍攝角度，以及自己身體姿勢的配合，還要同時維持勃起，已經不是常人能夠做到的事情，在顧及下半身必須配合攝影機外，手或口也要對著鏡頭有特別呈現的方式或者動作，對於男優的能力要求更高。

而基於安全考量，「換一個洞就要換一個套」成為基本要求的前提下，要能夠與兩位女性，加起來可能有六個可用的洞的狀況，在拍攝中最常發生的事情反而像是：

「卡！」

*洨，台語，精液。

*肛交片在歐美較為盛行，在亞洲還是屬於相對少數、屬特殊主題，當然也有以此為特別賣點的日本女優。

「換保險套，接下來插女優A的陰道……」

「卡！」

「接下來給女優B口交……」

「卡！」

「戴套，接下來插女優B陰道……」

而每一次中斷時勃起都不能中斷，就像空調從關機到最強，再突然關機，又突然開機般反覆進行。

如果超過「四個人」的話，除了鏡頭內聚焦的內容外，背景的動作基本上都是演出，不需要真的勃起、真的插入。最簡單的判斷方式就是，如果沒有拍到陰莖勃起並且插入陰道，如果特寫在臉部、呈現出來的角度只從前方拍攝到女優的臉與胸部，八九不離十的就是沒有真的插入；相對來說這種多人的時刻也是片商挑選男優的時候，如果在背景的男演員真的能夠維持勃起的話，基本上就能直接錄用，之後培養成男優了。

我常以魏德聖的《KANO》作為比喻，拍片到底該教體育選手演戲，還是教演員打棒球，而在我所處的世界，能夠揮棒永遠是首要條件。

在台灣的男女優面試流程與內容（Kenny流）

建檔內容

1 目前工作性質及居住地區（能否請假、拍攝時交通等）

2 身高、體重、女性記錄三圍與罩杯，男性記錄長度與直徑

3 性經驗人數、特殊經驗（含多人、SM等）

4 是否有表演經驗

5 「為什麼」想當男優或女優

6 解釋大致收入以及經紀抽成

7 特殊身體特徵（刺青、疤痕、膚況、穿洞、入珠、妊娠紋等）

8 試演（戲劇演出，測試演技，與經紀人基本上不會有性愛試演或肢體接觸）

建檔照片

1 男／女性正面、側面裸照，同時確認是否有體味，如狐臭等

2 男性須現場脫褲子、包皮上拉，確定無包莖、衛生習慣等

3 男／女性特殊身體特徵拍照

4 對男性一對一面試時不會要求現場勃起，但在面試前會需要至少三個角度的勃起照片

男性面試過後的入行順序

1 先當臨演無性愛試試看演技

2 安排「汁男*通告」，測試現場能否勃起與射精

3 安排一對二、或者多對演員之通告（若新人演員現場表現不佳時可聚焦於別組演員）

4 若前項皆表現良好，便可安排一對一拍攝內容

P.S.女性因生理特性，通常只要有合適的角色便可直接安排拍攝

觀念

1 當男優不一定要帥、身材好，陰莖尺寸也不是太大的重點，只要能夠表現……

2 拍攝時一定會露臉，一定會流出，會被看到，在決定拍攝前需要有所認知

＊汁男（しるお，Shi Ru O），在拍攝多人劇情時，不會與女優有肢體接觸，只負責在旁自慰與射精在女優身上的男優，先安排汁男的目的為確認演員在拍攝現場能夠勃起與射精，若表現不佳也較不會影響整體拍攝進程。

原來還有這種片

這個年代我們對於性別議題的定義已經到了字母快要不夠用的程度，經歷過了「#MeToo」運動，看到被罵到爛掉的最後生還者造成的慘劇，目睹了自我認同為女性的跨性別者在女性游泳比賽中，以壓倒性的成績輾壓了其他所有參賽者；看到演出高中懷孕女生的艾倫・佩吉*（Ellen Page）突然變成了艾略特・佩吉（Elliot Page）；還看到強尼・戴普（Johnny Depp）與安柏・赫德（Amber Heard）的世紀離婚官司……我們開始自然而然地接受了各種性別、性傾向、性取向與性慾。

*電影《全面啟動》（Inception）的演員艾倫・佩吉在二〇二〇年十二月IG官宣正式變性為跨性別者，改名為艾略特・佩吉。隔年三月她切除乳房，從女兒身變精壯男兒。

而在日本的二次元創作中對於高中生、幼女的特殊迷戀，也曾經發生過美國人在日本購買出版品後，回國卻因變童相關罪名被逮捕的案例。

無論對象是男性、女性、老人、年輕人、各種界門綱目科屬種、或者想像中的生物（甚至因此有與克蘇魯古神談戀愛的遊戲）、還是各種家庭電器、工業用品，我始終認為人可以抱有對於任何對象的投射，但在行為上，撇除特別保守國家的法律，任何的性行為仍舊必須要嚴守知情同意並且合法的範圍。

當某些想像無法實踐，便是我們出馬，滿足消費者需求的時候；觀賞者就算無法親身做到、甚至不可能發生在現實中的事情，由我們從業者的各式創作中，至少讓觀賞者能夠更接近自己的慾望。

例如為了遵循法律，日本二次元出版品中已經不能直接出現未成年性交的情節；但角色設定可以是長得像幼女的千年妖怪、被留級的已成年高中生、或者獸人、妖精等類人型卻非人類的角色，以此避免出版品中關於「未成年性交」的相關主題。而日本也有一位名為山田太郎的國會議員，以反對二次元產品的馬賽克為政見，受到廣大支持，得到了五十三萬的高票，還趁機引用了《七龍珠》反派弗利沙的名言，「我的戰鬥力有五十三萬呢！」作為勝選宣言。

不過，二次元的創作世界畢竟不是我的本業，讓我們回到實際A片的拍攝上。

某位男優對於人妖*（ニューハーフ）有著特別的愛好。一次在台灣的夜間，我們所在店家老闆為日籍韓裔的留學生，由於沒有什麼其他客人，他也一起參與著我們的對話。男人湊在一起，尤其三人中有兩人是相關從業人員，聊的內容當然關於女人，或者至少，關於性。

而時間已晚，店家準備打烊，在這深夜將近凌晨時段，我說附近只剩下某些同志酒吧、第三性公關店等等，一聽到第三性公關店，男優的精神馬上來了，喊著想要去看看。一邊看著酒吧老闆收拾，男優一邊開始闡述著他的理論。

「人妖不是有奶的男生，你把她當成有雞雞的女生，就可以幹下去了！」

「因為她當過男生，所以會特別知道要怎麼服務男生喔！」

「那不是雞雞，你把它當成比較大的陰蒂去玩弄它，就會有不同的感覺了！」

最後我們還是在現場解散，絕對不是因為我怕真的發生什麼事情的時候，褲子一脫發現對方的屌比我大怎麼辦。

而業界當然也有幾位知名的人妖女優，寫作「男の娘」（男生的女孩），唸作「おとこのこ」（Otoko No Ko），這些女優們通常有著不輸一線女優的長相。不過換個方

*「New-Half」為日本人所創之名詞，大多指上半身已進行隆乳手術，而下半身仍然保有男性性器官之人，通常在手術外也會進行賀爾蒙治療。

式思考，既然能夠花費龐大的金額對身體進行了手術與治療，臉上的一些玻尿酸、微晶磁、肉毒桿菌、另外一些東西的植入或移除，比起變性相關的大手術來說，臉部的修整不管疼痛還是金額都只算是零頭而已。

一般男優在拍攝前並不會知道合作女優，或者共演的男優名單，只會有劇本以及大致拍攝的主題或狀況；但在拍攝這類非常規女優的片子，包含涉及肛交片時，男優也是特別挑過，不僅會事先告知，男優也有完全選擇不參與演出的權力。回歸原點，男優在拍攝時候首要的條件便是勃起，無論是與女優，或者對變性者，有關於肛交的內容並非每位男優都習慣、或者能夠達成，無法正常表現反而會影響拍攝進度，才會有特例詢問的情況。

消費者的幸福便是，片子是沒有味道的；當在肛交時沒有完整清理，不只男優的陰莖會變成巧克力Pocky，拍攝現場也會在汗味、精液味外充滿排泄物的味道。

肛交以上，有特異拍出與排泄物相關的題材，目前在日本也是占比極少的存在。屎尿相關片的極致，可以搜尋Google的禁語之一，「兩女一杯」，打開自己性慾的另一扇門，或者換來一輩子洗不掉的心理創傷，只在一線之間。

而說到特別性慾，最有名的大概是「NYKD-054-双子で六十路デビュー富田姉妹」（NYKD-054-雙胞胎六十路出道富田姊妹），看標題就知道不只要面對六十歲的阿嬤，且兩位體重大概都在一百公斤上下，還是一次兩隻，男優一打二，以年紀或體重來說的話應該是一打四的狀況。我曾與別的男優們聊過這件事，而這部片反而是因為PTT的討論才廣為人知，當我拿著片子的圖片給男優們看，包含擷取片段的圖片中，其中一位阿嬤直接騎在男優臉上時，就算久經沙場征戰多年的老將也是毫不遲疑地說：「這我真的不行。」而另外一位更直接回答：「我選擇死亡。」

看著那個被騎在臉上的男優，我有一種氣喘要發作的感覺。

接下來男優解釋道，這種片通常來自於專門針對某些群體的片商，而參與演出的男優不一定有著較高的薪水，但一定有著較寬廣的接受度，或者較特別的癖好，對他們來說拍攝這種雙古螺旋的內容，也許剛好符合他們的性癖也說不定。

在歐美的A片中也有一項特殊分類稱為「MILF」，意為Mother I'd Like to Fuck，甚至進階至祖母級「GILF」Grandmother I'd Like to Fuck，以需求造成供給的概念，就算再特殊的片種、演員，還是有著屬於它的受眾。

礙於觀感，獸交相關的影片基本上不太會拍攝，因為無法完全確定動物是否涉及、是否能表達「知情」與「同意」，甚至會有虐待動物的爭議。曾經有一部極度重口味的片子，標題為「爬蟲類的侵襲」，將俗稱巴西火龍的東方蠑螈放到了女優身上；看到這樣的情節時我產生了極大的反感，不是因為女優被如何對待，也不是因為動物被怎麼了，讓我反感的原因是，明明蠑螈是兩棲類，怎麼可以把它寫成爬蟲類啊！你在女優旁邊放隻烏龜爬來爬去都比較符合主題啊！

除了這種特殊性癖、特殊演員、特殊表現以外，另一種就是比較偏向將二次元實體化的內容。動畫都會拍攝真人版，A片當然也會有，只要任何一部動畫開始暢銷，必定會有片商推出與之相關的主題，讓女優化身為二次元的角色，讓觀眾可以看到平常只在平面或動畫中的角色實體化，而且是真正色色給觀眾看的實體化，讓觀眾能夠將動漫中的人物設定套入劇情。

另外一個與實體化相關的內容就是「觸手」，日本的相關法律規定了性器官需要打上馬賽克，也因此促使了充滿想像力的日本人發明了觸手相關的主題，因為觸手並非人類生殖器，在法律上不需要馬賽克處理，技巧性地規避了法律，也形成了日本成人片的一種特殊文化。

當然改編的內容不一定限於暢銷動漫角色，跟隨著流行，片商也會推出像是鬼怪、喪屍相關主題。經過特殊化妝，我們還可以看到廁所裡的花子、屋子裡的伽倻子、電視裡的貞子，或半身腐爛的喪屍，在衝出來準備大殺四方的時候反而被脫了褲子，女優一邊要表現角色恐怖的感覺，還要以奇怪的表情被男優進進出出。恐怖片、喜劇片、色情片的分隔線在這時候已經比打在雙腿間的馬賽克還要模糊了。

以上所有介紹各式類型的片子，就算充滿著各種匪夷所思的創意或演員，仍舊是以男性為主要客層設計。

在近年日本開始興起了一陣以女性為主要受眾的片子，專門找長得帥、身材好的男優，而封面上印刷的也是男優的臉，而與見面三秒馬上進入動物星球的片子有著不一樣的劇情設計、拍攝手法。

女性向A片通常有著劇情，大概就是一部性愛劇情真槍實彈的偶像劇，在女優的挑選上也經過特別選擇，讓女性觀眾感受到的不是侵略性，而是帶入感；角色們如何相遇、相知、相戀後相幹，而性愛戲的拍攝也不會完全聚焦於性器官，而是透過兩人在性上的互動，一步步引發、滿足女性不只對於性、更對於浪漫的想像。出演的男優們也經過精挑細選，擁有偶像般的長相與身材，還加上實實在在的性技巧與性能力。

如同其他戲劇的男女主角般，女性向男優也會不時舉辦見面會、攝影會等等，迷妹們也會跟著他們的腳步，一場場，甚至跨國追捧著他們。

在《被討厭的松子的一生》中，傾盡財產成為了追星族的松子，對自己行為的解釋是，「螢幕上的那個男人不會讓我失望！」

而我們，終究是販賣夢想，幫助消費者實現夢想的行業。

身騎白碼

事情的開始，常常是從自己熟悉的某一個小小的起火點開始觸發；對我來說，也就是一根菸的時間。在那之後，我在網路論壇回答了一些關於拍攝的問題、關於日本經紀公司、關於演員們等等，當然也就是與他們持續聯繫，我前往日本直接會面時他們所講述的內容。

而由於那些我在網路上回答的問題被看到，開始有相關產業的廠商與我聯繫，開始有各種不同的工作機會。當然我能夠接下的內容，大部分還是在活動執行與翻譯等，我自己習慣的守備範圍之內。

一樣是活動、一樣是翻譯、一樣是招待藝人與負責起居，只是換了個主題、翻譯中換了個詞彙、或是藝人換了個性質而已，在執行與調度，語言上沒有太大差別，可能多了、或換了一些不一樣的專有名詞而已。

而同樣地，為了讓經濟效益最大化，於活動的同時也會安排宣傳用圖片、影像的拍攝，所以同時間我可能也必須擔當影像腳本的翻譯，甚至辦公室提供拍攝場地的工作。

而生命的不可預期性便是在人最不堪一擊的時候，給予最後一擊。在訪問完的隔天，我的手機故障，無法讀取ＳＩＭ卡，距離集合時間的兩小時前才發現我的手機變成廢物。我努力在兩個小時內找到了臨時可以聯絡的替代機器，才避免了找不到人的情況。

工作中觸及的那些成人業界專有名詞、關於各種姿勢的知識，對初入此道的我來說多少還處於陌生階段，而我能夠找到最直接的查詢方式，比Google翻譯更有效率、且正確率更高的網站如「PornHub」，只要輸入關鍵詞彙，立即有數以萬計的影片範例，立即就能確定詞彙的意思與翻譯的準確度了。

Ｐ站、Ｙ站、Ｘ站*就是我最實用的，工作翻譯用的字典。

* PornHub、YouPorn、XVIDEOS皆為世界前十大色情網站，等同於Ａ片的YouTube。

某一次，我接到了保險套的活動，並且由日本某位從業已久的男優擔任活動的來賓；而在活動前日進行宣傳影片攝影時，對話內容包含了：

「〇〇桑請問有拍過無套的片子嗎？」

「有啊，拍無碼的時候就是無套的喔。」

本次主打內容是宣傳保險套本身輕薄無感的賣點，而就在拍攝當時，我目睹了老牌男優鬼神般的、對於自己身體絕對掌控的超能力，在毫無任何刺激的情況下，他在十秒內立即勃起至能夠戴上保險套、能夠插入飛機杯的硬度，也就是「A機開機，B機開機，對影音（打板），三、二、一！」時已經站好等著了。

我記得高中時跟種馬一樣的性慾，現在只剩下下床上廁所的力氣了。而在面對一個大我約二十歲，卻能夠如此輕易掌握自己身體的阿北面前，從前我所相信的現實，隨著他戴上保險套、進入飛機杯的時刻同時產生了顛覆般的動搖。我相信二十、三十歲的男人們都還保有著自己年紀該有的身體機能與性能力，但我眼前站著的，是個年近五十的男人。

拍攝完畢後的空檔，我與他開始閒聊他的入行原因、工作經歷、甚至是生活型態，包含剛結束拍攝的訪問中所提及的內容細節。大概我已經在前段把腦漿用盡，無法太認真談論「我已經十幾年沒有拍無碼片了」。

「能夠拍攝『普通』的東西，基本上沒有人會想去拍無碼的片子吧！」

他是這樣說的，在日本的成人業界，拍攝無碼片並不被視為「普通」的事情。

用中文的詞彙來說，「馬」是用「下」的。在各家片商的三教九流當中，日本的無碼片相對來說是屬於後段的選項；而從無碼片已經從日本銷聲匿跡的現在，能夠在拍攝過無碼片後回到正規日本片商，回到有碼公司拍攝的女優們寥寥可數；相對來說，消費者在看過赤裸裸地無修正呈現後，也難再回到原本需要藉助想像力達成目的的一般片子，曾經滄海難為水了。

日本到現在為止，仍保留著租賃、購買碟片（DVD或藍光）的習慣，不僅在一般的二手書籍、遊戲店家中有著成人特區，在租片的店面中也仍然會陳列著A片，但在日本正規通路所能取得的影片內容，絕對都帶著馬賽克。更可以武斷地說，日本人自成人出版品開始發行的初始，便早已經習慣、並且接受了A片中馬賽克的存在。

「日本人是不看無碼片的」、**「日本人基本上不看盜版片」**，這件事情對於未經過日本生活的人來說可能無法想像，但它卻是真實存在至今，數十年未曾改變的事實。

一言以蔽之，風俗業興盛、A片產業成熟的日本，在法律上是禁止男女性交易（陰道性交），以及性交影片的拍攝與出版的。性交易部分，廠商以兩廂情願而非交易為理由，當然其中便會衍生出許多詐欺、仙人跳的事件；而性交影像拍攝方面，因為隔了一層馬賽克而於法無法證明兩人擁有的真實性交，以此在法律限制下發展出了各自的現況。

某些程度無論線上或線下的性產業，都早就習慣了在法律邊緣或者法律外遊走，也導致了無論是能夠陰道性交的店家場所、還是無馬賽克的A片都持續地存在著。涉及黃、賭、毒等的產業，從來都是就算與法律有所衝突，仍舊會持續存在的行業。

而有趣的是，肛門、甚至觸手並不隸屬於性器官的範圍，所以使用情趣用品刺激肛門、使用道具觸手接觸女體等系列主題，就巧妙地迴避掉了法律中對於性器官需要遮蔽的規定，傳說中的觸手攝影、肛門刺激（不含陰莖肛交，因為陰莖屬於性器官）等相關主題，便是在這種微妙的規定下應運而生的產物。

在撰寫此書的同時，日本對於成人出版品、對於A片拍攝的規範法律也正在進行討論與修正當中。我無法預測當書籍出版時，日本的相關法律將會變成什麼樣子，但自從二〇二一年的二〇二〇年奧運之前日本已將便利商店的成人特區雜誌撤除，對於無碼製片公司的打壓造成全員出走，甚至可能開始限制一般片商的拍攝主題。在經歷奧運之後，日本的成人產業不僅沒有回到往昔的榮景，反而對於成人出版品的拍攝內容、後製剪輯、商品陳設空間、商店附近方圓多少距離不能有高中以下學校等等的要求開始日趨嚴格。

「尺度越寬越好，馬賽克越薄越好，もっと！もっと！もっと！」（再多再多再多！）《AV帝王》

這就是我們從業者最真實的心聲，而為了達到這個目的，從業人員們抗爭與斡旋了數十年，雖然成果有限，但整體進度還是向著開放的方向緩步行進著。

「拍無碼跟有碼，在拍攝現場會有差別嗎？」我問。

「我不拍無碼十幾年了，以我現在的等級不需要。」他說。

回到十幾年前，其實也才二〇一〇年前後而已，當年日本發生了許多事情：全面取消電視類比訊號、大地震損毀核電造成全國節電，甚至無論縣市只要碰到地震就會產生恐慌，而我也差不多於地震後兩週開始了日本的生活，我所就讀的學校硬生生從十幾班刪減至六班，因為地震後學生人數從直接減了一半。

「無碼比較危險，因為戴保險套都會被看到，為了拍攝效果通常都會是無套，所以若不是真的很缺錢，我絕對不會去拍無碼片。」他一邊說，一邊說自己如何用男優的薪水，苦幹實幹地把女兒送進大學。

為此，他捨棄了自己某部分的性生活，「男優私下要保護自己，不然得病就沒辦法工作了。」他是這樣對我說的，不過基於我與其他男優的談話內容，大概只有他有做到這件事情吧？原本我是這麼信任他的，直到他後來爆出了與粉絲團分家吵架、強暴前輩女友的新聞。

理想、規定與現實從來都是兩回事，而每一項規定與理想後面，都代表著有發生過的前例。

「男優不能賺大錢，不過要養女兒到大學是可以做到的。」那是我們那次談話最後的結論。在同時，我還在等待日本簽證的回覆，而這句話讓我對於是否前往日本當男優產生了質疑。

質疑我到底做得做不到，至少十秒內無刺激勃起我應該連吃藥都無法達成吧？

而我一直記得，片商當初邀請我去拍片時所說的話，「你如果來當男優的話，就可以在現場不用看馬賽克了喔！」

如今，看過了無數無馬賽克的現場，從一開始的不明就裡，到熟悉現場環境，我對於那些能夠在現場穩定拍攝的男人們只有佩服；隨著年歲又長了三、四歲，能否具有符合拍攝的條件？我更開始懷疑自己了。

不如說，隨著經驗的累積，對自己在現場能否勃起也越發懷疑，「以我現在的經驗，加上十五年前的身手……」只是時間無法倒退了。

Part 3

飄洋過海來給你看

——成人展現場

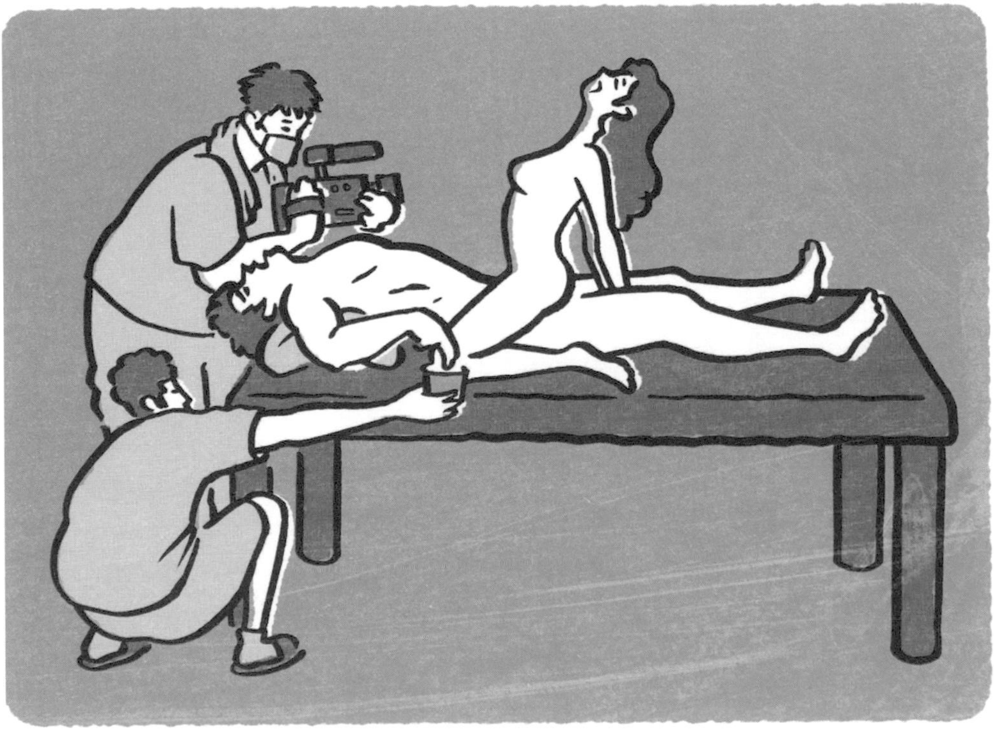

初來乍到

我的三十歲生日是在法院度過的。

二〇一八年初，當時的女朋友突然消失，電話找不到人、任何線上平台等皆被封鎖；無法取得任何聯繫，傷心的同時，我陷入了頗為嚴重的憂鬱症。每週抱著一點點的期望，我對著熟悉的號碼撥打一通電話、一通無人接聽時再撥打一通，持續約每週兩通電話的頻率，想當然耳從來沒有接通過。

對方大學主修日文，多年前就與日本知名的片商合作，在女優的見面會、代言等實體活動時擔任翻譯，當然也包含往年的幾屆成人展；當時已經有兩家公司，故意選在同一時間競爭，我也不清楚她到底會在哪一場出現。

同時期剛好有成人展的現場協助、翻譯的工作邀請，為了能夠有機會再次見到她，為了能夠與她在同一個空間、為了那一點點可能讓感情轉圜、為了能夠有機會認真談話，我以遠低於職位價碼的條件毫不猶豫地接下了工作。

絕對不是因為我想要藉由被巨乳包圍來療傷。

成人展場次是賭對了，但是對方完全沒有想跟我說話的意思。

不過就算對方已經對我沒有任何回應，在我任職的攤位上充斥著各種半裸、全裸、甚至身上只有貼著膠帶的巨……呃可愛的女生們；我支援的現場有ＳＭ男主與女主，讓客人體驗被打、被踩的經驗、有鐘點情人，在付出定額後可與現場的女孩們一起逛展場。

「女孩」並不是刻意強調女生們有多可愛，現實是，現場的女生的年齡跟我這個離三十歲只差兩個月的男人面前，認認真真地是「女孩」們；而我的工作便是想辦法她們留在攤位上等待客人、在英日語客人前來時協助翻譯、以及協助攤位主辦單位在與其他廠商洽談時的中間翻譯。

對女孩們來說，展場就跟遊樂場沒什麼差別，我在語言切換與抓龜走鱉中過了好幾個日子。與她們的活力相比，我才真切感受到自己的年齡與體力差距。穿著皮鞋在近五千平方公尺的場中穿梭，第一天回家時我已經近乎無法行走。

一想到女孩們，我就硬得無法自已，我說的是的腓腸肌與比目魚肌。

甚至有些攤位是英國籍的藝人加上日本的經紀人，為了與他們順暢溝通，每當我方的攤位主辦人每說一句中文，我就必須要用日文與英文各翻譯一次。

展場販賣的就是空間，因此我的置物空間與女孩們更衣空間是重疊的。在第一天剛到達現場，與幾乎所有人都初次見面的情況下，我在圍簾外大聲詢問，「我要進去了，衣服都有穿好嗎？」直到裡面傳來「沒問題！」時才敢走到攤位內部整理、拿取需要的物品。而礙於法律規定，就算是限定十八歲以上才能入場的成人展，最大的尺度仍舊為三點不露，丁字褲與胸貼是展場能夠有的最大的底限。

我所不知道的是，參展的女孩們許多在平時的工作便是裸體平面拍攝，也就是俗稱的「裸模」，露出身體對某些成員來說是再平常不過的事情，當然也不介意被看到什麼地方。

短短三天的展期，我的說話方式從：「那個……妳要不要整理一下，有點走光了！」

到第三天只剩下：「奶頭跑出來了，趕快收好啦！」

同時也就在展期中，在吸菸區，開啟了我完全進入成人業界的契機，與日本的片商及男優認識。

而我是一個對於社交網站使用度極低的人，沒有Twitter帳號、沒有Instagram帳號，Facebook頁面可能一年發布的文章不到十篇，單單是因為我對於這些平台接受到的資訊匱乏，加上我非常不會拍照，可以把Hello Kitty拍成加菲貓那種。

抽完菸後，也因為我沒有使用這些平台，促成我與男優直接交換了更能直接聯繫的LINE帳號，而我踏入成人業界的第一步，便是從我沒有使用社交軟體開始。

在被幾個女孩問過了以後，我當天晚上開通了Instagram帳號，絕對不是因為我貪戀巨……貪戀美色，我只是單純想到了往後能夠發展的工作機會，可以舉辦活動、找到更多工作而已。

三天的活動結束，我與幾家廠商換了幾張名片，剛創建的Twitter與Instagram帳號多了幾個心胸寬大的追蹤者；至少在忙碌中，失戀的感覺稍微被淡化，或者是在與女孩的對話中，我實在無法否認失戀這件事是一個很好的話題。

可能我該慶幸《跟騷法》在當年尚未成立，我躲過了某些可能的刑責。

因為接了成人展的工作，在同一個會場工作，還有一天兩通的電話，七月的展期過完沒多久，我便接到了家事法庭的傳票：前女友以騷擾為理由對我提出了家事法庭的訴訟，又正好出庭時間是二〇一八年的十月四號，我三十歲生日當天。

一邊忙著與日方溝通、抱持著「反正沒有人要我，那就去拍A片吧」的半放棄心態，我準備著申請簽證所需的資料，為了申請表演者專門的「興行簽證」，我將過往十數年的所有節目、戲劇演出、平面拍攝的資料一一挖出來，做了我人生第一份的履歷；才發現畢業需要一百二十八學分，而我在大三截止只拿到六十四個學分不是沒有原因的。

準備簽證文件、性病檢查、我開始雇用私人教練到府教導健身、甚至拜託攝影師朋友幫我拍攝了建檔用的，人生第一組裸照，還為此禁食了三天，並在台日間頻繁往復；一切事情都奔著「到日本當男優」這條路上行進當中，當中最大的因素僅僅是失戀下自暴自棄。雖然在目睹過許多慘劇後的現在，對於自己成功拍攝的能力已經開始存疑，但在當年一腔熱血只想幹天幹地的我，以現在身為經紀人的我判斷的話，拍攝成功機率起碼比現在的我大得多了。

沒多久，到了我三十歲的那天。

拖著宿醉的身軀、穿著西裝、頂著秋老虎的餘熱，從台北市到了土城的法院，而開庭時間與表定時間又差了約略三小時。

法官：「某小姐說你對他進行騷擾，造成困擾。」

「我大概一個禮拜打一通電話，沒有接起來就打第二通而已，沒有站崗、沒有去她公司、也沒有去到她的住所。」我說

法官：「但是某小姐說你在她工作時對她進行干擾。」

「我們工作性質上有某些部分重疊，尤其是翻譯部分，那只是剛好在同一個展場的不同攤位翻譯，我完全沒有前往她工作的攤位做任何事情。」

法官：「但是某小姐說你造成她無法專心工作，對她造成了嚴重的影響，希望你可以跟她保持距離。」

（我都盯著巨……女孩們，怎麼還會有空繞過去對角線的攤位呢！）

「我完全沒有靠近她的攤位，但是我們的工作性質類似，我無法保證在工作時不會有重疊的時候，不過我現在準備要去日本當ＡＶ男優了，以後基本上不會在台灣，應該也不太會有遇到她的機會了吧？」

我就這樣在法庭上說了我要去當ＡＶ男優，書記官也如實把這幾個字打進了開庭紀錄當中。

「還有，麻煩看一下我的個人資料，生日那邊……」我對法官笑了一下，靦腆的那種。

「生日快樂。」法官感覺非常無奈，不僅對於如何判決無奈，感覺更多的是對於我這個人怎麼毛這麼多的無奈。

判決的結果理所當然地並不成立，或者於法上並不成立，而這次的事件更加強了我前往日本拍片的決心。

這樣荒謬又詭異的進程當中，我進入了三十歲，同時出乎預料地，在我還未知的將來，沒有成為男優的我，在業界找到了別的角色。

一次失戀、一檔工作、一段巧遇，然後在卡關、每日買醉的人生當中，在跟法官談笑當中，一條路也就這樣漸漸地形塑了。

男

譯呀譯呀譯

在二〇二二年，一部被翻譯為《媽的多重宇宙》的電影，因為字幕翻譯與本土化的問題引起了許多爭議，也掀起了許多翻譯上詞彙使用的方式、正確的翻譯方式等等相關的討論：翻譯究竟是要根據語言本身意涵，還是根據語言上實際的意義；若涉及較敏感或文化差異的對話，甚至諧音笑話，該如何越過文化鴻溝讓被譯者表達的內容能夠最完整傳達等等。

曾經我在台大的轉學考上碰到的問題，其中一句話為「蛙の子は蛙」，我猶疑著應該要直翻「青蛙的小孩還是青蛙」，抑或「龍生龍、鳳生鳳、耗子生的會打洞」？考台大其實非常簡單，只是考上很難而已，連已經在各種場合翻譯、自認遇過任何匪夷所思狀況的我也完全無法理解台大的計分標準。

疫情開始後我的工作碰到了強大的瓶頸，所有與國際相關的工作被迫暫停，我形同失業，無事可做下我報名了台大日文系的轉學考。而出社會後幾乎都是打字，當碰到需要書寫的時候才發現自己連拿筆都不太穩，光書寫速度就輸那些高中剛畢業、十幾歲的孩子們一大截，我在考場深深感覺到了歲月在我身上刻下的痕跡。

考試內容總共四個考科，國文、英文、日文都拿到了八、九十分，沒有太大問題，但無標準答案的日文翻譯我總抓不到得分訣竅。繳過幾次報名費都落榜，看著前後左右考生，意識到他們的年紀都跟我差到快要一輪後，我才終於放棄嘗試。

最大的原因還是在夏天戴著口罩考試這件事，呼吸困難加蒸溽天氣讓我覺得比起金榜題名，我可能要先想好墓誌銘。

日文是一個很麻煩的語言，對於不同對象、不同場域、不同時間，同樣的兩個人可能使用的語彙會全然不同；尤其在商業當中，比起語言本身的意義表達，視情況調整文法反而是相對來說更重要的事情。最通常的概念是，同樣意思的語句使用的音節越多，代表的敬畏程度越高，相對又顯得關係更疏遠。

日文不難，日文的詞彙、文法都不困難，但日本文化，以及在各種狀況中所需要使用的文法，在敬語和平語中的轉換等，所謂「閱讀空氣」這件事情，就不是三言兩語能夠解釋的極難。光是對於對方的代名詞「わたくし、わたし、ぼく、おれ」*的使用時機不僅代表與對方的關係，更有自我位置表述的意義；而對於對方的稱呼「あなたがた、あなた、きみ、おまえ」*，或是於對方名稱後加上的「さま、さん、くん」*這些稱呼方式的調整等等，只是身為翻譯的第一步。

日文就是一種我跳進去了、我又跳出來了、欸我又跳進來了的語言，學到想打人純屬正常現象，沒有什麼好意外的。不過在進行成人業界翻譯的時候，平常業務中、或者於其他業界使用的語彙，在這時也開始產生誤會；日文的「成功」與「性交」發音一模一樣，「大意」與「體位」的發音也一樣，「生」這個字的兩個讀音，一個同時又意味著無罩、無套的意思，另外一個發音跟「性」一模一樣。

「正確的知見能把世界帶向光明」*《真人版鋼之煉金術師》（Netflix中譯字幕），更貼切的翻譯是「如果聚集了正的感情，就可以讓世界充滿正的能量」；我在看影片的時候無論如何都沒辦法好好理解對話內容。

*私（Watakushi）→私（Watashi）→僕（Boku）→俺（Ore），以男性發話者來說，對受話方的敬畏程度由先至後降低，而親密程度則相反。

*貴方（Anatagata）→貴方（Anata）→君（Kimi）→お前（Omae）為對對方、與對方單位的稱呼，同樣敬畏程度由先至後，親密度則反之。

*様（Sama）→さん（San）→君（Kun）→直呼名諱，同樣敬畏程度由先至後，親密度則反之。

*原文為「生の感情を集めて，世界を生の流れにすることもできる」，但此時生與性完全同音。

除了從前後文的語境與現場狀況判斷，大部分的時候都試著在猜測，日本男優到底是說他昨天幹了誰還是昨天活動很成功；他是在講特殊的體位還是單純在算數學；他是想吃生魚片還是想要無套？

另外，根據每個人的說話節奏與用詞習慣，翻譯時可能還要準確表達發言者的情緒，同時顧慮聽者感受；在全台灣直播的美國眾議院議長裴洛西（Nancy Pelosi）與立法院副院長的對談中被翻譯無數次打斷的情況可以感受到，如何讓對話順暢進行，並且視一對一、一對多、多對一，舞台上為發言、互動或者訪問等等進行調整與緩衝，以及在發言時應該使用第三人稱、第一人稱、或者單純描述事件不強調主詞等，都是一門非常深奧（麻煩）的學問。

但相對於其他業界的戒慎恐懼，成人業界相關的翻譯除了各種特殊的名詞、動詞與動作外，大部分於成人業界工作的日本人都不太日本人，在翻譯前能夠比較簡單進行溝通、互相理解，某些程度降低了翻譯的難度。

如大家對於日本所認知，如我前面所敘述，就算日文本身並不困難，使用日文時所面對的日本文化卻非常纖細，在各種對應中需要注意多如牛毛的細節；日本人的恭敬可能代表著生氣，玩笑可能代表著諷刺，而就算平鋪直述的一句話都必須要思考其中到底有沒有遺漏的、應注意而未注意的意義存在。

全世界最多日文學習者使用的日文教科書《大家的日本語》中，當遇見邀約時，課本的標準回答為：「好的，我會去喲！」但當要拒絕邀請時，課本裡只寫了「欸……那個……」

是的，課本只寫了「欸……那個……」，那就是最標準的日本根深蒂固的文化。

但當應對起成人業界的人們，大部分的時刻我們都能夠清晰明確地判斷他們的意願，開心一起笑，不爽就開罵，也不需要判斷他們的這個或那個到底是好不好或是要不要，比女朋友的「可以喔」好理解上百倍。

「廢話，我們連對自己的性慾都這麼誠實了！」而他們對於這種性格與應對方式竟然還有著讓我無法反駁的解釋。

也許這也是我做過許多工作，卻在經過成人產業時決定停駐的原因之一吧？

另外一個原因跟巨乳絕對脫不了關係，能夠正大光明地看著巨乳絕對是非常開心的事情。

巨乳就是正義，至少是我人生的正義。

在成人展中，出席的男優與女優們其實都習慣參加活動、與群眾接觸、或者在舞台於公眾前進行演出；在與觀眾互動、接觸，理論上都經驗充足，沒有太多問題。但對多數的藝人來說，與參與者互動、於舞台上與觀眾互動、訪問的發言中有著翻譯的配合與介入並非常態，更多的情況是翻譯本身專業還無法達到與藝人順暢配合的程度。

如果有機會，事前與藝人的接觸絕對對於翻譯會有所幫助*。至少在所有活動開始進行前先與藝人相處閒聊一兩個小時，了解藝人面對問題會有的回答、說話的口音與方式、還有說話的停頓節奏等，對於翻譯有著決定性的幫助。

而最簡單但也最有效的做法，是明確地對被譯者說：「等一下會需要翻譯，一句一句分開講，我會立即翻譯，這樣舞台效果會比較好。」是的，缺少溝通的結果很容易造成藝人拿著麥克風自顧自地講了三分鐘後，翻譯不只要做筆記到完整傳達，更會讓觀眾無法立即理解、情緒無法與台上的藝人同步，而這件事情的發生頻率之高超乎所有人想像。因為成人展的舞台上，大家的認知中，大部分的事情只要一脫就能解決，直覺上觀眾追求的、想看到的也不過如此，但那並不代表語言翻譯本身就不存在它的重要性。

至於怎麼打招呼，我一律教他們說「杯修趕某」（台語，來一發吧）或者「素哇懶

*日文也有標準語與方言，類似於台語、廣東話與「普通話」的差別，一般日本人皆可以理解普通話，但發言者可能有自己習慣的方言，甚至某些地方語言在日本新聞訪問時會需要當地人進行日日翻譯。

覺」（台語，吸我的屌啦）。

成人展的主舞台上，男優與粉絲進行互動時，主持人問了：「你想要與粉絲進行什麼樣的互動呢？」

「我想跟她進行拍攝的前半段。」男優這樣說，或者應該是我這樣說；抽選中的觀眾瞬間臉霎紅，默默地準備要被撲倒。一邊翻譯女性向A片不會在前半段就撲倒的，一邊當他們開始抱抱摸摸的時候，我默默地閉嘴退到舞台最後面。

而到下一位互動時，男優索性說：「那我把下半段也做完吧！」我照翻的同時把麥克風拉開，對他說：「至少要保留內褲不能脫啊。」女生被放倒在舞台上，胸罩被解開，男優上裸的身體直接貼到了對方身上。

而在舞台上，比起合法問題、比起舞台上發生的事情，最後那句話我純粹是為了保護自己說的。不是身為翻譯，不是身為攤位執行者，這時候我只是一個不想看到屌的男人。

我要設囉

前面說過，在疫情前台灣共有兩個成人展，而且舉辦的日期都壓在相同的三天，一個位於台北市中心有著地利之便，另一個位於新北市占地較大；兩家主辦單位間究竟有著什麼樣的因緣糾葛，導致最後形成這種零和競爭的結果不得而知，我所聽到的內容就有各種、由各方所描述的不同說法。

成人展設置的攤位不過幾種：

「服務性質」，也就是日本的男優、女優、台灣的男模、女模、加上相關人士包含

SM女王、男主等，以藝人為賣點的廠商；中間可能由片商號召、可能經紀公司帶領，總而言之賣的是藝人與消費者間的互動、接觸、交流等服務。

「販賣性質」，可歸類為出版品類、成人出版周邊商品實體化，賣女優簽名卡、平面影像卡、原味內衣褲、或者能想像到的各類演員周邊。

「情趣用品」，就是潤滑液、保險套、飛機杯、再重口味一點的包含口球、鞭子、肛塞、手銬類的販售廠商。

消費者其實也根本搞不清楚差別，更分不清楚經紀公司、片商與主辦間到底有什麼樣的合作關係，最後都是看著自己喜歡的女優參加的場次，選擇前往的地點。當然這種混亂的情況下，兩邊都跑、或者跑錯場地的消費者也不計其數。現實上來說，新北市的場次請到了許多較有名的女優，而為了做出市場區別，台北市場不僅請到女性向男優，開拓女性市場，還特別規劃了女性專用休息區。

每年暑假，不只有東京熱，兩家廠商的競爭讓台北也更加暑氣蒸騰。

女性休息區，是以男性消費者為主的成人展中特別的角落；女優、女模攤位都排滿了男生，駢肩雜遝、又參雜興奮情緒的躁動排列隊伍中，跟高中男生班在夏天體育課後的教室有差不多的味道，相對來說為了讓女性能夠更自在地進出會場，或者為了讓整個場館多一點香香的角落，以「女性向男優」為賣點的台北市場中，「女性專用休息區」是一個不可或缺的存在。

而我的攤位剛好與女性休息區的入口面對面，我絕對沒有偷偷靠過去聞或跑進去窺探，真的沒有喔。

話說從頭，經歷了二〇一八年的攤位經歷，同時認識了主辦以及其他人員，也由此延伸接觸到了更多的業界人員，包含台灣的情趣用品商、其他的裸體Model、甚至對相關問題有所牽涉的政界人士、日本公司的各階層人員、不同部門與專長的人物等等；人脈這種東西就像是葡萄一樣一次就會來一串，只是有時候一整串還會有各種不同顏色形狀。

同時，為了能夠保留與另位一個主辦一戰的實力，主辦大部分的資（金）源（錢）都投注在藝人身上，能夠請到某位女優，不僅代表著自己能夠取得確定的票房，更代表對方少了一個可用的人員選項。既然資（金）源（錢）有限，當然要使用在刀口上，台北場的主辦甚至縮減到沒有聘用內部的翻譯。原本我對此還沒有太大的感覺，直到有一天晚上十點，攤位老闆突然打了一通電話給我，請我幫忙翻譯一份與某女優的合約，當晚需要被完成。

上一秒我還在準備換衣服去林森北路條通逛逛，接下來我已經打開電腦開始檢查合約內容的準確度、文法、文字細節，在網路上確認了特殊的法律與合約用語等等。到完整檢查完每一個細項，確認完稿的時候，剛好過三點，稿子交了，酒吧也已經打烊了。

這種事情發生幾次後我才發現原來這不是突發事件，主辦內部並沒有常駐的翻譯人員；鑒於能幫則幫的原則，我就這樣當了幾次主辦的文書翻譯，一方面為了自己之後的工作機會著想，同時因此我也知道了一些、不少的內幕消息，而同時越來越大串的葡萄讓我所認識的相關人員越來越多。

一年成人展只有一次，其他時間我還是持續著其他演唱會、見面會、展覽等等主要工作外，還有許多其他包含農業、商業到服務業的工作維持生計；而在日間會議中我也常接到主辦相關的電話聯繫，讓我知道他們完全沒有忘記我這個人。

某一天，他們問我：「Kenny，你跟某男優是不是認識？有辦法邀請他今年來參加展覽嗎？」很明顯地他們沒有忘記我，更沒有忘記往年參加過的藝人。

又一天，他們問我：「Kenny，你是不是認識某情趣廠商？有辦法邀請他今年來參加展覽嗎？」很明顯他們不只沒有忘記我，還設法追蹤到我近期的合作對象了。

既然被請求協助找演員、又要協助找廠商，那就摻在一起做撒尿牛丸吧！多年的主辦經驗告訴我，能夠領薪水的時候最好先不要當老闆；可能主控權會減少、一定會在某些程度需要妥協，但至少無論盈虧能夠確保自己可以有確定所得。

主辦請我找到廠商、又請我找到藝人，那麼廠商出錢建立攤位，讓男優能夠順利出展；就此開始了從攤位視覺設計、整體行程包含展期前後其他工作確認、工作內容與酬勞溝通翻譯、到開展後開始隨時翻譯等等內容，各種細節也就此展開。

凌晨四點打斷我《魔物獵人》連線的隔天，我趁機把男優抓去拍了活動的宣傳影片。通常宣傳影片有兩種解決方式：由攤位出人前往當地，或者出錢請對方來台拍攝，用自己習慣且信任的組員較能保持拍攝內容、品質、以及維持與本次攤位調性的契合度；另一種為直接請對方拍攝後傳輸檔案，再進行翻譯與剪接，成本較低但對於影片的畫質、運鏡等內容就無法進行太多要求。

而藝人無預期地自己跑來台灣，還找我安排行程，我的首要事項便是先把他拉去拍攝宣傳影片，之後再開始台灣小吃、夜市、博物館、美術館行程。

經過三百六十五點八八項的事件進行以後，成人展設攤的日子也到了。

開放的攤位隔了兩個房間，一個為工作人員的休息與更衣室、另一邊只隔著一層簾子的就是主要攤位收入重點，男優位於簾子中，消費者購買票券進場，一張票兩分鐘，可以在窗簾後的小隔間與藝人近距離接觸。攤位控場，同時兼每天一次主舞台的即時翻譯，再加上攤位上與消費者互動的對協助溝通等，作為攤商的常態工作。

中間穿插著媒體、自媒體的訪問，稍有空檔才可能繞到別的攤位打招呼、配合宣傳或者單純逛逛……終於整個攤位的固定參與男性人員中，喜歡巨乳的男人不只有我一個。而整個攤位的固定參與男性，就是我與出席藝人。期間過來有男有女，義氣相挺的朋友們，尤其是我的男性朋友雖然無償前來，展期中似乎也有所收穫。

偶像型男優在整個展場就是特別的存在，人帥又身材好的偶像型男性，無論日本還是台灣都讓女生都想一親芳澤，拍攝合照。串場、拍照在現代的宣傳手法中占比也是相當重的。而對藝人與執行人來說，敦親睦鄰也非常重要，能夠有機會看一下展場其他巨……攤位的設置方式與參與人員，絕對是對於攤位的修正、服務安排來說非常有幫助的事情。

一切都只是為了攤位的宣傳，真的只是為了宣傳喲。

演員本身是藝術相關行業出身，在經歷過第一天的檢討後，出了一份設計稿給我，讓我能夠印刷成第二日的入場票券，而日本人的弱點卻在這時候顯露出來：票券上的英文拼字有誤。時值凌晨，我傳的訊息沒有回覆，我只能腆著臉在深夜聯繫我所認識的設計師，出賣色相請對方重新幫我設計票券。

接下來的印刷、裁切等手續，持續到了凌晨五點，而我必須要八點起床前往飯店，九點前帶著藝人入場開始準備換衣服、吃早餐等作業。

後來我才知道，身為執行的我做著執行的工作內容，當著男優的藝人也在努力做男優的負責範圍，我的印表機墨水徹夜噴發，而看到他行李箱中的Tenga*日益減少，相信他也噴發了不少東西，當晚都加班加到了四點半。

我一次展設三天加上前後活動共五天，他三天展加上前後活動射了多少，其實我並沒有很想知道；而就在這樣各自體諒、各自分工的情況下，展期還算順利地結束了。

* Tanga為日本男性自慰器（俗稱飛機杯）品牌。

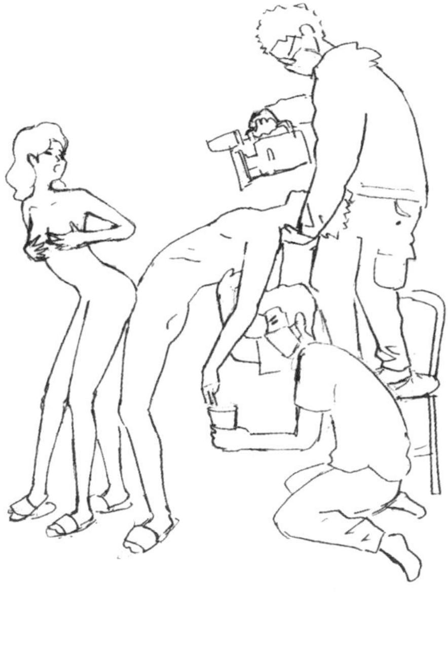

我們也是JK

成人展的時間為期三天，而通常各廠商都會讓藝人，也就是男優與女優們提早幾天到達或者多留幾天，讓同樣的機票錢發揮最大的效益，讓他們在來台時參加其他活動、錄影，包含男優參與愛滋預防的教學線下活動、女優參加情趣用品商的站台、接受各YouTuber專訪、個別專訪、甚至拍攝已經預約好的代言廠商所需要的平面與動態影像等等。

所有的秀、或展，也就是無論見面會、演唱會、家具、寵物、咖啡酒展以至成人展

都是一場長期抗戰，基本的概念為一個月左右的緊密籌備，從機場開始繃緊神經，經歷各種從保母、翻譯、再到機場結束；若為一日的演唱會大致從演出前兩天開始接機，一天大致修整、與硬體商開會對接、調整，接下來一天進行彩排，以及接受各家媒體、自媒體訪問，以主辦單位的角度也藉此進行最後的曝光，做最後的催票。

舉辦活動終究是商業行為，誠實地說，廠商最大的期望就是票多賣，利潤越高越好。

當然也會碰到預算有限的狀況，行程將會調整為出演前一天到達，半夜硬體進場，隔天開演，在開演當天早上進行彩排與訪問，稍作休息後直接在開場時讓藝人上台表演，隔天送走。

我曾經在八月的凌晨，坐鎮沒有冷氣的台北國際會議中心中看著現場的燈光架設與測試：室外三十六度，室內加上聚光燈大概四十五度；我曾經收到我交手經紀公司的求救聯繫，請我協助初次主辦的公司。到了演出當天前的最後彩排，我走進表演場地時藝人正在台上忙碌，見到我的身影立即停下了樂器，用日文大叫：「Kenny，你來了！」一（台北國際會議中心採用製冰式空調，晚上製冰，至早上開始使用，因此晚上是沒有空調的）

我像是周星馳電影裡面的表現方式一樣，走上台摸摸他的頭說：「乖，你繼續練習，剩下交給我。」也就是同一場演唱會，主辦請了會日文的主持人上台，造成主持人每說一句話，便需再轉成日文重複一次，訪問節奏大亂。

現場正在透過耳麥控制工讀生的我拔下工作證，拉了另外一位翻譯直接衝上台，經過主持人時對她說：「妳說中文就好。」走到藝人身後開始同步翻譯。藝人聽到背後的聲音嚇了一跳，轉頭看到我的時候輕聲喊了一下，「啊，Kenny！」至此主持人才理解我的意思，開始純中文主持，而我與翻譯站在藝人身後同步翻譯讓藝人理解所有內容。

而我在活動結束隔天早上接到了藝人的訊息。

「Kenny，我想吃高記，有辦法嗎？」他說。

「主辦（Promoter）呢？」理論上我已經協助辦理完所有表演，還在After Party後宿醉中，加上一整天穿著皮鞋在場館共三樓的上下奔波，已到上廁所都懶得下床的程度。

「Promotion完，今天就不見了。」藝人說。

我傳了餐廳的網址給他，訂好位讓日本人能夠自行前往，再拖著五百公斤的腳步前往餐廳、吃完飯帶藝人們逛了西門、最後再送到機場。

以上還只是一場演唱會可能會發生的事件，若為四天以上的展覽，那麼從事前聯繫、工作證申請等標準程序外，貼身翻譯、安排行程、現場安排與滾動式修正，且為了隔天的攤位，每天都滾完十萬八千里才能讓隔天的攤位服務更加完善。

在成人展男優們到達的當日，我的辦公室變成了攝影棚，錄製YouTube的訪問內容，我們甚至將葡萄柚對切讓男優在訪問中能夠模擬對待女性陰部的方式。事先預約與準備好，幾位參與本次成人展的男優都設定了訪綱，也在數月前已經在多次來回中做過了調整。

而現場永遠都會變出無可預料的情況，我所主辦攤位的男優，從一開始就對訪綱進行了校對、翻譯與調整，加上他有我家的鑰匙，在熟悉的環境與訪談中基本上順利地進行了預料之內的錄影。唯一在我意料之外的是拍攝中突然加入的開場要在床上，而我家的床只有主臥室我睡的床以及旁邊都是蛇櫃的客房，導致我平常睡覺的床與被子就此變成攝影場景。我客廳掛了一張兩隻翡翠樹蛙在假交配的畫作，也就這麼剛好與本次的主題吻合。

同一場地我們接續安排訪問了另外一位日本的神級男優，但他的翻譯在事前完全沒有檢視過任何資料，導致男優在現場也完美表達了不知所措所應該呈現的表情。同時，因為這位男優是主辦單位直接聯繫、聘請的，包含所有參與的活動都由同一位翻譯進行，翻譯姐姐與男優在參與過中午的活動後才第一次在現場看到訪綱，連反應的時間都沒有。

翻譯姐姐的反應非常直觀，她直接看著才剛認識五分鐘的我說：「Kenny，可以請你幫忙處理這一段嗎？」

這之後有著對我個人非常重要的活動，為了讓拍攝能夠順利進行，我也只能在心中萬般不願的前提下，笑著答應了本來不屬於我的工作。

理所當然，我的床又淪陷了一次，我開始計算當晚清洗床單到底需要花費我多少時間；接著開始進行錄影，因為沒有事先順過稿子，我只略微解釋了訪問的走向，剩下就交給現場發揮，以及事後翻譯與字幕了。雖然翻譯跟字幕還是我的工作，但至少不會是現場需要處理的事項。

一邊接續翻譯，讓我的聲音不會與主角的聲音有所重疊，一邊還要試圖引導與提示他避免黃標內容，或者避免人設歪掉的內容，終於有驚無險地完成了錄影。

這之後才是我真正期待的內容：成人展主辦單位對所有參與者的會前會聚餐。這之前我只能在與男優工作、與廠商交涉中水深火熱，而我期待的是與那些巨，喔不，是那些同時參展的其他人員們的互相交流啊！！

毫不意外地我們在會前會遲到了，當我們到達時只剩下一桌還空著些許位子；神級男優去到了主辦單位的主桌，剩餘的只有一桌，我們別無選擇地與別的攤位的參與者以及工作人員一起坐下了。

別無選擇地，我隔壁剛剛好是我的前女友，而且不是一般的前女友，是讓我在三十歲生日當天前往家事法庭出席的前女友。

我堅信著只要我不尷尬，尷尬的就是別人此信條，一坐下就開始對整桌的人介紹了我與她的過往，桌上有著別的公司的長官、工作人員、翻譯（前女友）、我與男優，還有兩位巨乳女優；其中一位女優直直地盯著我，隔壁前女友惡狠狠地瞪著我，而我看著我帶來的男優，我這輩子無論心理還是性慾都沒有如此混亂過。

玩笑式地講完了我與她的關係，因為失戀，因為她而步入成人業界這件事後，至少桌上還有酒有杯子，菜也上了七、八成，若無其事的我開始喝酒吃飯，圓桌的對面坐了兩位巨……喔不，坐了兩位女優。

在這邊要先解釋日本的簡稱，日文總共有四個系統：平假名、片假名、漢字、羅馬拼音，而每個詞彙都可以用羅馬拼音湊成，所以在說話的時候常會直接使用羅馬拼音的字首作為詞彙的簡稱，譬如女子高中生，取「女」「高」兩字的羅馬拼音字母，才使

JK成為了女子高中生的代名詞。

對面的女優們似乎與我差不多年紀，談笑間說著，「我們兩個也是JK喔！」

一個J罩杯，一個K罩杯；我看到的不是桌上的烤鴨、不是面前的酒杯，也不是隔壁的前女友或另外一邊的男優，有一股莫名的力量遮蔽了我的雙眼。

話說，在攤位時兩位JK的服務內容是洗頭，讓消費者在拍照時頭從一個變成五個。

而無論是之後在後台的偶然交會，或者經由前女友的告知，聽說J小姐不斷地問著她的翻譯我到底是怎麼樣的人、到底為什麼會分手之類的。

看著場館前的柏油路，我希望我還是一個活著的人類，所以我除了餐桌上與活動現場偶遇的對話外，還是把幾乎所有時間放在了我應該照顧的攤位，應該照顧的人上。

而至今幾年過去，我仍然無法忘懷的，是她的J……呃是她在兩天不見後，最後一天展期的後台還記得我的名字，恭敬且禮貌的態度。

二回熟

經歷了前一晚的晚餐後，我們回到下午拍攝影片的辦公室，為隔天展覽進行最後的預演、準備、還有明天需要攜帶物品的調整，印刷品、背板、電視（成本有限，搬自己的電視比租用便宜）、電視中循環播放內容確認、攤位道具、行程等種種細節。

每次展覽中最缺乏現實感的就是這種時候，好似山雨欲來，但又不知道雨會多大。況且因為資（金）源（錢）有限，為了節省花費，據展場的進出場規則為，攤商只能在開放觀眾前一小時入場布置，除了已經架好的隔板與大圖輸出外，所有的事情包含裝置、打洞、架設桌椅、拉電視電源等工事必須要在這一個小時內完成。期間無論家具搬運、擺飾移動都必須在不與其他攤位互相干擾的前提中進行，我挖出了久未使用的充氣沙發，很幸運地測試後沒有漏氣、塑膠老化的現象，讓現場少了一件需要多人搬運的重要器材。

就算有幾位客人的體重可能破百，加上男優等於超過一百五十公斤，充氣沙發還是奇蹟似的存活到了最後。

展場中有一個主舞台，每個小時都會有不同主題的活動，上台的不僅男優、女優，也有國外的性感女星，以及台灣的模特兒們，主要的舞台表演內容就是與台上的藝人們互動，可能有握手、簽名、甚至可能到人體溜滑梯，很可惜地我幾乎都卡在攤位，雖然看不到主舞台發生的事情，至少我的位子可以盯著香香的女性休息區。每天一小時，包含我所負責的男優們總共三人也會站上主舞台，在台上做法則是摟摟抱抱；每天會有不同主題，事前為了配合主題而需要告知藝人到底該帶幾套西裝、幾套便裝、幾套和服。

而這當然經由事先討論，並且也與男優確認了服裝與樣式後，每天活動結束時叮嚀隔天包含攤位用與主舞台所需的裝束，於前往展場前的早上先前往飯店確認男優行李、整理髮妝，再帶著藝人前往場地也是我的工作之一。

雖然可惜，但我沒辦法繞過去看到Ｊ小姐。一方面我不想要靠對方攤位太近，以免在生日時還要再跑一次家事法庭，另一方面用攤商的身分到別的攤位占便宜應該也不是什麼太好的事情，最重要的事情是，我必須要守在攤位上應付買了票準備進場的消費者們。偶爾有經過攤位時瞄到，她們攤位的內容竟然是洗頭，讓客人頭上有著只貼著胸貼的兩個Ｊ與兩個Ｋ，我第一次後悔自己身為從業人員而非消費者。

成人展的尺度標準基本為，女性需要遮擋乳頭，下半身需要至少丁字褲，而男性則不能露出陰莖。至於和消費者接觸的尺度只要建立在這個前提下並無特別限制，隔壁的神級女性向男優提供的服務就是幫女性消費者解內衣，走出隔壁攤位的每個女生都雙手抱胸走出來後，直奔廁所。

「只要有需求就能變成獲利」這個概念在此赤裸裸地展現，我也是能夠秒解胸罩的人，無論兩扣、三扣還是前扣都沒有問題，卻只能看著一個個往廁所、或者往女性休息室前進的女生們抱著胸走著。也就在這樣的脈絡下，我成了Free The Nipple的忠實信徒。

巨乳不是一種性偏好，巨乳，是一種信仰。

好羨……好有創意的經營模式呢！

隔壁一張票入場、與男優的接觸時間是有限的，但服務還是需要做全；要我是女性消費者一定會穿著全身二十幾扣的塑身衣入場，讓他像拆毛線一樣慢慢從頭到尾摸到手長繭、拆到工作人員進來趕人，絕對物超所值。

除了主舞台外，在展場其他角落也會有副舞台；第一次參加成人展時，我所協助的攤位就剛好在副舞台的正前方，而於副舞台的表演通常偏向台上專門的表演方式。當年印象最深的是某片商旗下女優的旗下歌舞表演，上下午各一次，曲目完全相同，而不幸地，她們認真地使用原聲演唱，那年的三天中我共聽了六次的〈小蘋果〉，以及其他AKB經典曲目，隨著日子往後，走音與喘氣聲也日漸嚴重。

又或主辦單位也會請專業的繩師等BDSM*相關人士前來當眾進行繩縛表演，在繩縛進行時無論施者與受者都必須要對對方有著完全的信任感與默契，同時將一個人類利用幾個點的支撐吊於半空中而不受傷害，本身就是一件對於專業需求非常高的事情。第一天的表演組合為兩位男性，在男性消費者為主的成人展中，台上兩人汗流浹背，台下觀眾卻稀稀落落。而到第二天表演變成男綁女時，圍觀隊伍甚至差點將攤位隔板擠到歪掉。

不可否認，成人展的多數消費者還是男性，觀眾的數量道出了血淋淋的消費者喜好

*BDSM為Bondage「調教」、Discipline「服從」、Dominance「支配」、Submission「臣服」、Sadism「施虐」、Masochism「受虐」之簡稱，而在以上行為進行中不一定包含性器官互相接觸的性行為。

取向。高山流水、陽春白雪，畢竟不是每個一人都能夠嚥得下去的，對於香草們*來說那終究是屬於另外一個世界的東西，只能直觀地看門道，或者看妹。

回到我所主辦的活動單位，其中除了各式媒體的採訪外，主要的營利方式也是售票後讓消費者們與男優度過親密時間；甚至有不少鐵粉是從日本追隨而來只為能夠更加接近偶像，其中還包含了一對母女，在工作的空（抽）隙（菸）時間我拉著男優問道，難道她們母女平常在家裡的休閒就是一起看A片……？過大的資訊量讓我腦部開始當機，男優默默地拍著我的背，露出頗有深意的微笑說：「我們把活動辦好就好。」留我一個人看著手上冒著的煙緩緩往上飄，努力不要去想像那對母女一起看A片是什麼樣的情景。

當一個人試圖「忘記」一件事情的時候，代表他正在執行「記得」這件事情的行為，ing那種。為了轉移思考，回到攤位前我上了個廁所，並且比平常更認真地洗了手，想著多搓幾下能不能夠讓那種違和感跟著水一起進入排水孔。

我負責的工作基本就是站在小房間的圍簾外，安排隊伍整隊、與來賓閒聊，同時在換下一位消費者時帶進小房間，若需要翻譯則一同進入小房間中同步進行翻譯；不過難得能夠跟心儀的男優近距離接觸，大多不會想要在有限的時間內旁邊多一顆電燈泡，我

*「香草」為涉及BDSM等相關活動人員對於無經驗者、一般人的稱呼，相當於BDSM世界的麻瓜。

的工作內容也因此相對輕鬆了一點點。

而展覽的每一天便在早上拖著鐵腿起床、更衣後前往男優的飯店，入場準備場地布置，中間抓一小時進行主舞台演出，同時應付別的攤位，包含去年那些女孩們的共同合照宣傳、其他媒體與自媒體的各式訪問等，直到收攤結束。但「展期」的內容，既然出資者已經花費請了男優來台，當然不會僅限於展場。離開展場後經過稍微修整，我們還安排了粉絲與男優的共餐活動，讓他發揮最大的經濟價值；晚餐過後回到辦公室進行活動內容、展場布置、票券設計等等都進行檢討後，通常到十點十一點才算工作完畢。

而我繼續把修改後的設計稿件進行印刷、剪裁、整理，通常結束時已經天翻魚肚白，我也差不多口吐白沫；在洗完澡後短暫睡眠三小時，馬上又開始了下一天的行程。

「Kenny，我可是一天要三次的男人，就算沒有對象我還是要自己弄出來喔！」這是我與男優初相識時他對我說的話。帶領他進入房間時我看見了他行李箱中擺滿了一次性的飛機杯，隨著每日早上進入房間陪著他梳妝準備時，飛機杯明顯可見地每日減少。我硬的是因為跑遍展場的鐵腿，加班到四點累到全身無力加軟屌，而他還是堅持每天三發努力不懈。

「不要把興趣變成職業，因為變成職業的話就無法自由選擇了。」我常這麼說。

不過，看著他行李箱中每日減少的杯子，我認知到他選擇了自己不僅自己有興趣，更是專門的工作。每天工作結束後的檢討會，他都說著「我明天一定要成功*」，我越來越搞不清楚他到底是憋太久了性飢渴，還是對於活動充滿熱忱。

也終於到了活動的最後一天，別組男優因為沒有特別聘請翻譯人員，由主辦為他們配置了一位非常專（可）業（愛）的日本女生翻譯，我的男優在後台直接擺出了前輩的姿態對另一位男優說：「欸，我們換翻譯啦！」上台對觀眾闡述三天來的感謝，多虧台上那位翻譯的節奏掌握，流程能夠順利進行，我也算是完成了本場活動最後一次的舞台翻譯。

在後台的交替中，準備上台的J小姐客氣地對我打了一聲招呼，喊了一聲「Kennyさん、お疲れ様です。」（Kenny桑，您辛苦了）後便開始上台準備，被記得名字這件事情讓我開心了很大一下下。

我在後台與舞台翻譯略微交談了一下，遞出名片、說著以後有活動我希望與她合作等等，剛下台的男優們看著我露出了「我懂你」的奸笑，站在旁邊看著我表演。

「我老公也是翻譯，如果有需要也可以找他喔！」她接下名片時說了這句話。

幹。

*日文成功與性交完全同音「せいこう」（Sei Kou）。

Part 4

社交距離0.002公分

——疫情下的轉變，轉戰台灣拍攝

他們戴口罩

最後一次跟男優們面對面相處是二〇二〇年三月，目前為止我們大概維持著一兩個月見一次的頻率；他們工作來台灣、私下旅行也來台灣，我直接給了他們一份我家的鑰匙，某一次我睡到一半突然被闖入臥室叫醒。我們商量半年後成人展攤位要有什麼樣特別的活動，有鑒於去年經驗，這段時間以來我蒐集了許多會講日文的帥哥，要把物化男性這件事情發揮到極致，在這個靠著「把人物化」營利的產業，把自己都物化下去應該不是什麼問題吧？

事實證明，問題從來不在物化，只在於有沒有公平地物化所有人。

兩週後，鎖國。

一月的時候，就算原本預計要來參加春酒的紡織廠商人員突然踩剎車，身在台灣也沒有太大的感覺，所有的工作跟交流仍照舊行進。

我國三的時候，第一次基測因為SARS而延期，那時候沒有智慧型手機，甚至無線網路都還沒普及，我還拿著一隻最蝦趴的ＰＨＳ，第一個跟自願留在教室晚自習的同學講這件事。

那年的考試也只延後了三個禮拜，二十一天，而在考試的時候已經沒有強制戴口罩的限制了。這次的二十一天持續得比較久，久到當我發現一切苗頭不對的時候，我已經實質上失業了快要半年，成人展發出公告宣布取消。又因為去年出展時簽下的勞務報酬單，我的帳面收入剛剛好比補助請領上限高了四千元台幣；收入帳面多了四千元，我完全請不到任何補助款。

年收入四十．八萬與年收入四十一．二萬的距離，是三萬台幣，還是一萬？不重要因為我什麼都沒有領到呢。

到此為止幾乎所有的工作經驗都與國際交流、交易、或是跨語言溝通為主，甚至當我在山上種咖啡當農夫的時候，都有法國、荷蘭的攝影師參與產業輔導升級的相關活動；這些運用資訊或者語言不對稱所營利的內容，隨著世界疫情的流行，我的收入也就這樣跟著灰飛煙滅。上一次體會到真實的貧窮大概是剛回到台灣的時候，存款不會超過三位數，吃飯的時候如果多點一盤小菜隔天就要餓肚子的日子。

不同的是，那時候還有前女友養我，而且是個有G罩杯的前女友，但現在我是獨身一人背著房貸的中年獨居失業男子；不吃飯我還可以過活，但不吃飯又沒有巨乳，才真正讓人生不如死。

疫情剛開始的時候，因為工作量減少，而博恩在林森北路又剛好新開了一家喜劇主題的酒吧，在閒到發霉的期間我開始往那個酒吧進出。幾次以後開始自己也上台嘗試演出，不過因為是酒吧，為了不辜負它酒吧之名，我常常走路過去，喝醉了以後爬上計程車回家。

期間我的叔公過世，他沒有子女，不過很可惜我只有在他生前跟他喝過幾次酒，所以他的遺產對我來說跟政府的補助一樣，雖然存在但與我無關，也不知道是誰領到。那段時間我每個禮拜有三天以上待在喜劇酒吧，三天以上喝到躺著回家，叔公出殯當天晚上，我也直接穿著葬禮的西裝上台表演。

「我的叔公是個渣男！」

「他生前很愛家，與老婆相處融洽，今天去過第二殯儀館火葬場以後⋯⋯」

「我很確定他現在渣了！」

吾少也賤故多能鄙事，我做過許多不太相關的工作，喜劇表演也是其中一項。看著那些大學生或者新鮮人，才發覺自己已經不年輕，當年那幾個如果沒有拿掉的話應該也這麼大了呢！一邊思考這些事情的同時，我思忖已經不少年的自己到底還能賤多久，還能做多少鄙事。每一次接觸新的產業、遇見新的人群，我人生的技能樹就會突然開始往奇怪的方向偏移。

喜劇圈是一個相對單純的世界，表演者裡有許多藝術家們，藝術到比我這個失業人士還窮；而比起其他業界的外部競爭與內部鬥爭，喜劇圈的人基本都抱持著友善開放的態度在面對所有觀眾或者想要入門的新人們。

在一大群的表演工作者裡，我是唯一的性工作者。

很可惜女性的喜劇演員數量極少，我找不到潛規則的機會，所以也沒有做出太突出的發展；不過因為我當時頗高的出席率，我認識了一群充滿實力的表演者，又不小心開發了一條技能樹。

三十二歲生日當天，我參加了一場喜劇演出，並且在演出結束後留在酒吧繼續喝酒，現場的表演者也留下來為我慶生，當然也準備了幾個身強體壯的朋友讓我自己可以肆無忌憚地喝到失去意識、失去記憶為止。

隔天我發現，相信朋友是錯的，我摔到全身瘀青，手肘滑液膜受傷，關節積水。觀察了兩個禮拜，所有演出也都因此喊停，而手肘腫脹還是沒有明顯好轉，我找了醫生朋友，做了一些處置；不過我完全忘記不能太信任朋友，尤其是那種在婚禮前三天突然問你能不能當他伴郎的醫生朋友。

我有一個特殊體質，身邊的東西的故障率特別高。七天無條件替換的全新電腦，可以在第八天突然當機後壞成一塊磚；冷氣壞掉後，原廠人員前來替換的全新主機板可以還是故障的；甚至在我離開林森錢櫃後半小時，錢櫃就失火燒毀了。還有每一任瘋狂的前女友，或者將要瘋掉的，我曾經被堵在家門口、被闖入家中剪掉所有衣服跟遊戲片、還有被惡意告到家事法庭，開庭日還是我三十歲生日等等。

正常發揮之下，醫院的機器竟然在照完我了以後就當機了！整家醫院的病歷系統在照完我的X光片以後，院內網路直接癱瘓，資料無法上傳同步。在準備拍攝前，所有患者排隊依序進入X光室，而在我之後，另外一側開始排滿了一個個準備看資料的醫生。

一個禮拜後回診，到了跟醫生約好的時間，診間卻是空的，打電話也聯絡不到人，我開始在偌大的醫院搜尋醫師，剛好與診間的護士擦身而過。

我才知道，原來朋友當天早上住院了。我只是想看病，把醫院看到當機、把醫生看到住院，而我的手肘還沒好。

我的喜劇演出生涯自此進入傷停時間，但就在隔年的一月，從喜劇圈的朋友們送來了一個邀請，找我參與節目的錄製，所以有點歪的技能樹又開始往奇怪的方向生長。所有能力跟機運也像有向光性般，當枝枒開始生長後，又朝著那一盞燈開始聚集。這是我第一次以AV經紀人的身分參與訪談，因為這個先例，我不小心變成台灣受過最多訪問的成人經紀。

講了快要一年的笑話都起不了任何波瀾，僅有的幾場售票收入連酒錢都不夠，到台前講A片又必須面對人群聚集的風險，或是沒有觀眾的尷尬，回去拍片果然才是明智的選擇。加上我極度厭惡戴口罩，大概可以列為人生十大討厭事項之一的程度，而且不喜歡社交距離，所以我選了一個射交距離只有0.002公分的工作。

似乎，我人生的奇妙遭遇，慢慢變成一個更龐大的Setting*，可能等待著一個要爆炸的Punchline。

* Setting前提，意思是在喜劇中建立觀眾對於事件的理解程度，Punchline笑點，指在前提建立後讓觀眾發笑的言詞。

薛丁格的屌

也幾乎是在疫情開始沒多久後，台灣開始了具有規模與制度的A片拍攝與發行工作。成立網站與APP，規劃完整的線上支付系統與會員機制，並且系統性地招募幕前與幕後的人員，而拍攝的技巧與各種規劃也在漸漸成形當中。

在二〇一七年以前，台灣的色情出版物因為被認定違反公共秩序與善良風俗，本身違法的前提下是不受到版權保障的；而在二〇一七年的釋憲後，某些程度在法律上承認了拍片的合法性，隨著科技進步與網速提升，攝影所需要的成本也逐步下降，許多人開始對於拍攝性愛內容、發布營利開始了嘗試。

攝影機變輕了、解析度變高了、法律變寬鬆了，只要拿著一隻手機，就可以跨進拍A片的門檻，但過了門檻後也僅僅是進到了大宅院的入口。拍攝需要的技術、角度、燈光、剪輯、場地、腳本，演出人員所需要的演技、肢體展現等等細節，都不僅僅是單純的性愛而已，甚至其中充斥許多內容是違反人類對於性行為本能的。

進門後，我們開始往「專業」這條路慢慢行進，大概在二〇二〇年前後，我們才有了規模化、標準化的平台，以及漸趨完整的制度，包含演員挑選、性病篩檢、拍攝規範等等內容，慢慢拉出了一條生產線，以及供需的產業鏈。

片商也剛好在這個時候與我取得聯繫，而我進入成人產業的幾年間也多少認識了一些人們，開始一邊徵人，一邊往片商輸送演員。

期間，無論身為供應商的我們，或者身為製造商的片商，都在拍攝過程中出過各種大大小小的問題，每次試圖解決問題的同時，也在建立更完整的制度與措施。

由於往昔配合與交際的都是日本長年從業的男優，一開始的招募與面試時，我只用面談、只看身材，導致來應聘的男優到現場脫褲子以前都是薛丁格的屌。我沒有想過人類的陰莖可以有這麼多奇形怪狀的生長方式，或者有那麼多想像外的狀況。

拍攝現場勃起困難，藥物無效，導致原本六小時的拍攝拖長至十二小時以上只算是小事情，幾次經驗後我們對於現場陽痿的狀況也有了應對方案。

可能女生經期不穩定，拍攝當中男生的陰莖變成草莓Pocky。

我遇過到現場脫了褲子以後才發現男生是包莖，包皮完全無法退下，在鏡頭下看就跟一隻蚯蚓一樣。

男生私下跑去入珠，褲子脫掉後像秋行軍蟲爬在玉米上一樣。

交代過要修整陰毛，最好剃光，結果到現場才發現男生全身體毛都非常濃密，變成了全身都是毛，到陰部突然光禿禿一片像被都更的情景。

以上種種經驗，不只讓我的面試標準化流程日漸完善，也讓片商在準備與溝通期間的確認與注意事項的交代不斷更新，包含性病檢驗的頻率、項目，以及拍攝時需準備的道具、狀況應變程序等也持續調整。

用著跟日本一樣的方式，我從舞台表演者裡面開始找尋演員。

我與劇場圈的淵源可以追溯到大學時代，當時交往了一位劇場的表演者，當然也是一個E罩杯的大姐姐，劇場的工作除了一般舞台劇類演出外，還包含像是兒童劇的操偶等工作。那位大姐姐的其中一樣工作便是在巧連智的兒童劇中操偶，就這樣巧虎介紹了陶樂比、玲玲、琪琪，每一位都再連一拉一，或者大家都是台灣僅有幾家藝術大學的學弟學長學妹同學，與共同演出過的夥伴。

而我與那位大姐姐的關係也隨著我離開台灣結束，她與一個台大戲劇系畢業，同樣為表演工作者的男生交往了；回國後我甚至在參加益智競賽節目時與那位男生同台，只是當時我完全不知道這回事。在節目無預警收播後，有人開了一個群組，到疫情前參賽者們都還維持著每年一次的聖誕交換禮物聚會。

有一天我聯繫了當年的那位大姐姐，目的其實與工作有關，當時我正在一邊需要能夠協助訓練演技的老師，同時又在尋找可用的演員，無論男優還是臨演，還有綜藝類型成人節目的主持人等。當時才知道她與台灣最知名的漫才團體達康兩位成員是同學與學姐，也才知道她與那位演員在我離開台灣時交往過；而那位男演員又是喜劇俱樂部的創始成員之一，還拿過俱樂部舉辦的空幹王大賽冠軍。

也剛好同時喜劇圈的前輩把他推薦給我，第一次派任他擔任臨演時演員，五年不見，我進入演員休息室直接忍不住叫了一聲表哥。當時我沒有想到，表哥就這樣一路從人間條件演到人姦調溉，臨演變成主持人，主持人變成男優，再成為了被吳夢夢稱呼的「台灣男優天花板」。

對於這個表哥，我無限驕傲。

同時，我們正在面對百年來難得一見的全球化傳染病，礙於工作性質讓我們的社交距離只有0.002公分，在需要各種專業人士進行拍攝的同時，我們卻又需要盡可能地減少現場人員；為了讓大家減少群聚與接觸，我們犧牲自己在鏡頭前面戮力演出，讓民眾乖乖在家裡不要亂約亂跑，打手槍就好。

二〇一二年，洛杉磯曾經有過討論，立法規定A片拍攝需戴保險套，不僅造成片商銷量減半、演員與片商大聲抗議，甚至引發了大量的片商出走潮。不過以台灣現在參與人員的情況，我們無法承受性病影響業界的潛在風險，所以除了特殊情況，如男優、女優為情侶或夫妻外，基於保護演員的角度，比起口罩，我們最重視的是保險套。

畢竟，雖然演員們的演技可能充滿僵硬，我們也不會讓他們戴著口罩出現在鏡頭前。

比起日本三十年來各種對外與體制的衝撞、對內部的調整適應與潛規則建立，台灣現在還處於篳路藍縷的開荒階段。不同於前面說過日本的馬賽克文化下的各種做法，我們在影片效果上能夠有的轉圜少了很多，現階段能夠使用的資源與經驗也完全無法比擬，不過在這樣的現階段，在慢了日本三十年的我們身上……

我們多了一點點，還在顫頊學步的，真實，就像陰莖上的那一圈橡膠，鏡頭下的保險套一樣真實；而沒有改變的是，在褲子脫下前每次面試、每次新人拍攝時，同時介於能站與不能站兩種樣態中的那根，薛丁格的屌。

＊本篇章名取名自「薛丁格的貓」一理論，比喻拍攝現場的男優，在脫下褲子前都無法確定是否能順利勃起、穩定演出。

我的工作是讓男優站起來

「Kenny，好久不見！請問一下你可以來協助我們的拍攝嗎？」

又是一個新的片商，而且不一樣的片商；就我所知他們，不，她們是一群懷抱夢想的影視工作者們，試圖在充滿男性市場的成人業界殺出一條不同於以往的血路：她們，將在台灣拍攝第一部專門為女性設計的A片，公司的人員也基本上都是女性，跟其他片商幾乎都是男性的費洛蒙味完全不同。

我猜他們會是一個香香的劇組，所以我答應幫忙了；我就是這麼一個簡單的男人。

參與拍攝的時候我都會拉著一卡行李箱，裡面放著拍攝需要的各種道具，如果被警察臨檢的話一定很難解釋的道具。

「菸兩包！」

沒有為什麼，我菸癮很重，拍攝的時候不一定有地方買。

「無糖紅茶一打！」

因為我在日本得了不喝無糖紅茶就沒辦法工作的病。

「拖鞋三雙，男優、女優、我自己各一雙。」

拍攝的片場常常要脫鞋，但是場地預設的容納量可能會超過，組員過多的時候可能拖鞋會不夠，當然，如果穿著拖鞋走來走去影響收音的話會變砲灰，所以自己準備聲音比較小的拖鞋很重要。

「浴袍兩件，男優、女優各一件。」

因為我不用脫衣服。

「浴巾兩條，男優、女優各一條。」

再一次，因為我不用脫衣服，不用洗澡。跟拖鞋一樣，無法預設現場浴巾足夠的前提下，自己帶比較安全。

「酒精紙巾、濕式衛生紙各數包。」

酒精用來擦拭可能會接觸到、或者接觸過的東西，濕式衛生紙是專門設計用來擦拭陰部的，不具刺激性。

曾經有男優錯拿酒精紙巾擦龜頭，隔壁房間都聽到了他涅槃瞬間的聲音，有興趣的話在家裡拿酒精噴噴看也會有相同效果喔。

以上都還算是普遍級的，也只有以上是普遍級。

「保險套兩盒，一般尺寸與L尺寸各一。」

市面上的保險套的尺寸只有一般與L兩種，不只是因為材質具有延展性，想像一下如果今天拿著S的保險套到櫃台結帳的時候櫃台小姐的表情……某次買保險套的時候，店員貼心地問我要紙袋嗎？我只好回答，不用，她沒有醜成那樣。

市面上的保險套分為乳膠與ＰＵ兩種，大部分的保險套是乳膠製，特性是延展性高、彈性較好、比較好塑形所以可以做螺旋或者凸點，而且相對來說便宜，但缺點是比較厚，使用起來相對無感。另外一種是ＰＵ，也就是操場ＰＵ跑道的ＰＵ材質，大部分002以下的保險套就是這個材質，相較於乳膠比較不容易引起過敏，但相對較硬，所以需要分尺寸：尺寸過小很難滾到陰莖根部，尺寸過大會容易從陰莖脫落，這兩個狀況都容易讓保險套掉到陰道裡面。所以，自知之明很重要！

「水性潤滑液一瓶。」

拍攝的時候需要在三、二、一後就開始無前戲進入女優陰道，為了避免女優陰道因為摩擦、或者男優尺寸過大造成撕裂傷，潤滑液是絕對必要的；油性的潤滑液會溶解保險套造成保險套破掉，居家好男人也絕對要在家裡準備一瓶水性潤滑液喔！

練習拳擊的速度球上所寫的警語*讓我知道，就算只是一根針，插進去還是需要潤滑的。

* 球上寫「Moisten needle before inserting」（請於插入針前先潤滑）。

「膠囊式矽性潤滑液一排。」

可以直接放入陰道，五到十分鐘後會在陰道融化的潤滑液。可以在拍攝前放入，需要動作時可以直接開始，同時在拍攝外陰特寫的時候會看到透明液體流出來，也可以增加拍攝效果。

矽性潤滑液其實是非常微小的圓形顆粒，利用物理滾動方式幫助潤滑，所以可以維持較長時間不會乾掉；但是因為它物理摩擦的特性，容易在情趣用品的矽膠上形成肉眼無法看見的小洞造成細菌滋生，因此不適用於多次使用的情趣用品。

「注射用針筒與灌洗用兩種各兩枝、生理食鹽水一排。」

注射用針筒用來因應各種需要「噴射」的拍攝效果，在拍攝時在裡面裝滿各種液體，就可以在鏡頭前呈現各種效果。

灌洗用針筒的頭經過特別設計沒有直角，所以可以插入人體的各種洞中，不過鼻孔跟耳朵直徑太小所以還是不太建議。拍攝前可以裝生理食鹽水或者清潔液清洗女優的陰道、或者裝假精液後打入女優身體裡面，製造拍攝效果。

「假精液。」

每個片商都有自己的假精液製作配方，概念基本是用各種食物製造出顏色、稠度類似精液的液體，一般大概有三種素材：一種加稠、一種加水、一種調色。

我曾經碰過使用蛋白與優格製作假精液的廠商，當天的攝影助理可能前一天沒睡好，導演要他去買雞蛋跟優格回來的時候，他竟然買了藍莓優格，裡面還‧有‧紫‧色‧果‧粒！原來佛利沙射出來就長這樣嗎？

現在的情趣用品店已經可以直接買到調好的精液型潤滑液，從那次之後，我的行李箱裡面隨時會放一罐。

「乳膠手套一盒。」

曾經我遇過從別的一般劇組調過來的組員，看著我煞有介事地戴著乳膠手套，好奇地問我為什麼要戴手套。

我說：「剛剛男優射精完的保險套、男優女優擦完身體的浴巾、穿過的浴袍，給你拿好不好？」

「對不起，我錯了⋯⋯」他說。

在充滿各種包含但不限於汗、洨、鼻涕、不小心還有血之類體液的場景，多一副手套絕對可以更安心地收拾所有東西，我戴的不是手套，是安全感。

「各種藥物。」

曾經我遇過從別的一般劇組調過來的組員，看著我煞有介事地把藥拿給男優吃，好奇地問我這樣吃藥不會有副作用嗎。

我說：「會喔，那你要他有副作用，還是我們在這邊等五個小時到他站起來呢？」

「對不起，我錯了……」他說。

各種常備藥物，包含但不限於止痛、過敏、咳嗽、胃痛、止瀉等等，邊烙賽邊擤鼻涕的男優，絕對沒辦法好好表現。尤其有些壯陽藥物的副作用容易造成腹瀉，針對體質壯陽藥與止瀉藥可能需要一起服用。

當然，我的工作是讓男優站起來，最重要的就是讓男優能夠勃起的藥。

讓男優勃起分為三個階段，通常男優的年紀在二十到四十歲，不太會是有勃起困難的年紀，現場有二十個人盯著他的時候就另當別論了。

第一步，讓勃起變簡單的藥。

第二步，讓男優不緊張的藥。

第三步，讓男優直接勃起的藥。

依照男優所面臨的困難，在現場決定要進到第幾步。神經學上來說，交感神經管理射精，而副交感神經負責勃起；被二十個人看著的時候，在經過第一步後還是勃起困難的話，最大的原因不是生理，而是心理因素，也就是緊張。

在現場會走到第三步的男優，通常也是拍第一部的男優，不過若遇到這種狀況，很容易變成拍最後一部的男優了。

男優的工作基本條件就是勃起，如攝影師工作的基本條件就是扛攝影機，如果扛不起攝影機的話，身為攝影師就是完全失格的，男優無法勃起亦同。而這個工作的現實面就是，無論用什麼方法，勃起是自己的責任。

我前往了那個香香的劇組，才發現我大意了，事前沒拿到劇本的我，完全不知道他們竟然選在山上外景拍攝，穿著西裝皮鞋就到了現場，而且在山上的話只有蚊香，沒有女生香香的味道啊！

現場劇組比起往常編制大很多，大概有三十個人加一條狗，那隻柴犬可能出門的時候還是白色，在山上待了一天已經看不出來他身上那些奶油色到底是天生的還是在地上滾出來的。新人演員的兩人，不同於一般的劇組，導演耐心地教導演員該如何表現。

終於等到文戲結束，肉戲開始，我打開行李箱，結果山坡陡到打開的行李箱還在順著山坡往下滑；男優身材非常好，精實到腹肌一塊塊非常清楚但又纖瘦那種，女優基本符合女性向A片的女優形象，身材顯瘦而沒有太誇張突出的身材，長髮紮在後面。

第一步，我遠遠盯著男優的陰莖，半硬不軟，這下不妙。經過了數十分鐘的掙扎後，我開始與男優「臨床」諮商，我們可能要採取接下來的手段。

第二步的藥效發作前，男優自己受不了地直接叫我走到第三步。既然你誠心誠意地發問了，我就大發慈悲地成全你。

三、二、一，男優脫下內褲的瞬間充滿血的陰莖直挺挺地從內褲裡面彈出來，經驗告訴我這下穩定了！全場都發出鬆一口氣的聲音，只有那隻狗沒進入狀況還在那邊哈氣流口水。

第一體位、第二體位、第三體位，好喔，男生可以射了喔，意料之外男優真的射出來了，拔出來時保險套還掛在他陰莖上，可以明顯看見保險套前端儲精囊裡面有白濁的液體。

補拍姿勢、平面攝影，有驚無險地攝影在略有顛簸但還算順利下結束。

當然，拍攝結束以後男優雙眼迷離，陰莖腫脹難消，那就是另外一個故事了，我只負責讓他站起來。

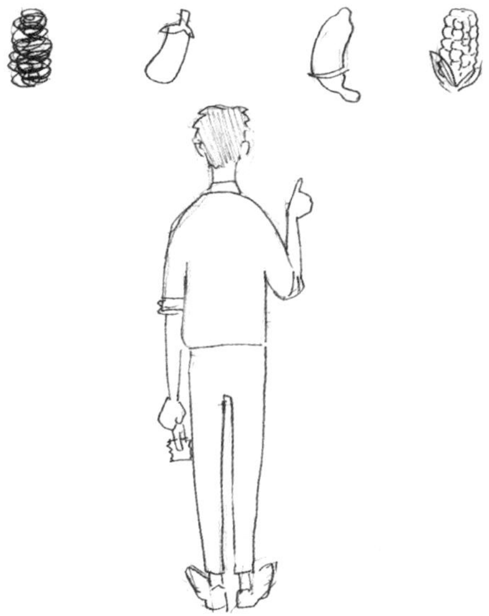

澳門賭場上線囉

如果你知道「澳門線上賭場上線囉！」的下一句，那你一定是盜版A片的受益者之一，如果你身為台灣的成年直男而不知道下一句的話只會有兩個可能：可能你在說謊，或者你在說謊。

從二〇〇〇年代MP3發明以後，所有的出版相關業界面臨前所未有的衝擊；所有產業在努力電子化、大量輸出的同時，也因為檔案複製的門檻急速降低，無論是文字型的出版，或影、或音，曾經需要找遍各大通路購買的內容，逐漸往一個複製貼上就可以無限傳輸的途徑行進。

當時Ａ片在台灣還是一個幾乎違法的存在，不僅法律不夠完備，也沒有完整的版權概念，或者說Ａ片的版權並不被承認。當時的學生們還拿著一張張郵購單，憑著標題想像內容勾選購買，寄件轉帳後等待一片片的ＤＶＤ寄來。檔案的來源與複製門檻降低，被操控在少數握有硬體技術的人手上。

遊戲、軟體、音樂、Ａ片等，在我們手上一張無字的ＤＶＤ中，那被稱為「大補帖」；隨著科技進步，檔案複製所需硬體日漸便宜，複製的門檻也越來越低，這是對於所有出版相關業界、影視販賣、出租的第一次打擊，而我們都可能曾經是盜版的受益者。

國高中時我被家中管制，過著沒有電腦的生活、無法播放ＤＶＤ，只能買平面的漫畫或寫真，而那些平面的出版品也是廠商從網路上下載圖片，自行印刷，完全沒有經過任何授權的出版品，終究是盜版。

進入了這個世代的成人業界相關廠商為了生存，開始了各種線下活動，新聞開始有了各種女優的新聞，「獨一無二」、「無法複製」的體驗，遠遠超越了出版與發片的收益；女優們開始積極參與線下的各種活動，飯島愛*出書、而其他女優也仿造了這個模

＊飯島愛（1972-2008），一九九二年以《處女宮》出道，因外型亮麗、身材超火辣，快速成為最受歡迎的女優。

式，開展各種代言、活動、見面活動。

一開始的演員線下實體活動只在日本進行，但在國際市場上遭受盜版重擊後，成為了開拓新的市場、將資源最大化兌現的權宜之計。對日本情色產業的消費大國台灣，女優們開始有了代言，無論情趣用品、壯陽用品、娛樂活動；他們發現把螢幕上的人們搬到人群面前揮揮手的利益，開始遠遠大於鏡頭後面做的多少付出。

接著，P2P開始了，也就是所謂的BT、或種子，一種多人下載同時上傳的技術，加速了檔案的傳輸、或者是盜版的發展，一個F開頭的軟體啟發了多少青少年；而上大學的我為了看《我們這一家》的電影版，也順便看了幾部在《我們這一家》中進進出出的影片。

花了兩天才下載完成的片，還是抱持不看白不看的心情把它看完，或者至少達成它的目的吧？我是這樣看完好幾家的。

有一天，一個預計作為交友網站的平台成立了，叫做YouTube。是的，本來是You的Tube，定位是一個交友網站，隨著科技進步，網速加快中開始習慣了所謂的「網路串流」，我們不必要再建立一個新資料夾，把種子放進去後開著電腦冒著中毒的風險繼續下載，一切可以在網路上即時播放、及時可關閉，檢索方便，甚至因為瀏覽器的無痕功能可以不留紀錄。

只要有任何新的發明，人類就會自主地往性方面發揮。我們有了文字，色情小說便開始產生；學會了繪畫技能，就開始畫春宮圖；有了印刷技術，立即開發了廣泛散布色情漫畫；照相技術普及後，《Playboy》與《閣樓》開始發行；至動態攝影技術成熟時，A片的拍攝也幾乎在同時開始啟動；機械技術進步至微型馬達功率提高後，人們製造了按摩器，接著開始不把它侷限用於肩頸。再接下來的VR、可能還有下一種更先進的媒介產生的同時，色情產業也將伴隨著進步。

科技始終來自於人性，或者性產業總會緊貼著科技走。

有了YouTube的前例，使用相同概念的色情網站也開始成立與營運，而經過十五年餘的如今，世界三大線上觀賞色情網站的每日瀏覽數加總已經超越了YouTube。

早期的色情網站因為許多詐騙廣告、彈出式視窗等影響體驗的營利模式，造成使用者對於平台檔案與網站的不信任，BT就成為了另一個選項，至今仍然被使用著。

「澳門獨家線上賭場上線了，性感荷官在線發牌！」

這句話至今對男生們仍然言猶在耳，也就是這些盜版通路得以生存的最好證明。盜版商從販賣光碟片、到至今直接幫助各界善男取得檔案、甚至上完字幕後，僅僅在片頭加上贊助商的廣告與播放中不影響重點的走馬燈。

電影《鬥陣俱樂部》中，主角（們）曾在電影院的底片每幾幀中加入色情圖片，造成散場後的另一番風景；而在這種「主意識無知覺但潛意識接受到訊息」的前提下，某些程度這些廣告可能是一個潛移默化的有效方式。

至少，聽到「澳門獨家線上賭場上線了」的男人們，那慧黠一笑是隱藏不了的。

目前的概念都還在「日本出版」、「華人盜版」的界限上，雙方營利上有所互斥。但這也暴露了另外一個現象：消費者（閱聽人）介意那五秒十秒的廣告嗎？事實證明閱聽者是願意等待那幾秒鐘的。

華人的問題，華人會自己找方法解決；打不過，就一起面對吧！我可以想像廠商對著線上賭場說出**「願不願意加入我們啊？」**的那一幕。

盤點中港澳台面對A片的最大問題，就在於沒有付費習慣上，就在於任何檔案都會被超絕地複製技術迅速被送到其他網站；在日本的時候讓我最驚愕的一點就是，我在出版當天買的JUMP，看到的內容竟然慢了中國漢化網站整整一個禮拜！

既然注定會被盜版流傳、既然終歸無法以賣片為主要營利，近年興起的華人A片到底該怎麼生存呢？

那就，合作吧。

片商寫了一個因為博弈而翻身，搶回女主角的劇本。

片商在拍攝的時候，一個模糊焦點打到後面的立牌。

片商在綜藝性節目時，總會口播「本節目由〇〇〇贊助」。

把「盜版商違法營利」轉換成了「置入性行銷」，在跨語言的路上可能還遙遠，但是在語言可通的現場，華人的片商把它直接轉換成了營運的一部分。

在片商畏懼盜版侵占播放權時，片商把播放權轉換成了閱覽率。越是有盜版散播影片，反而幫助了贊助商的廣告；越多的ＢＴ、越多的盜版網站，那也相對成就了片商與贊助商所商談的曝光率資本。

導致了片商還要調查盜版網站的瀏覽率，回頭換算給贊助單位，換取更多的贊助金。

澳門賭場一直在上線，而我們的進出口持續，生意從來不都該是讓消費者付費，而業內的眾人能夠好好從事自己的專業，好好營生嗎？

如果嫌棄影片上下廣告的跑馬燈、片頭片尾的廣告、拍攝途中對焦的贊助廠商，最簡單的方法其實就是「養成使用者付費的習慣」。這一條漫長的過程、想法的修正正在緩步進展當中，我們看到訂閱制OnlyFans的崛起、月費PornHub Premium的產生、JVID經營成功、S牌斗內的制度開始建立等等。

我們習慣了Netflix、Amazon、Disney+等等的串流，意謂著我們對於正版影音產品的付費已經日漸習以為常，而當「澳門獨家線上賭場上線囉」這段聲音不再迴盪於下一個世代的想法中時，大概也是本土A片拍攝產業能夠進到下一步的時候了。

今天我想來一杯

我是一個不務正業的人。

出社會之後嘗試了各式各樣的工作，在各式各樣的行業轉來轉去，而不小心又從一個行業延伸到周邊產業，不小心回頭的時候，才發現自己已經繞到不知道哪一個地方去了。成人產業的範圍極廣，從最基本且直接的線下性產業，到隨著科技進步而越來越多元的靜態、動態出版品，還有可以實際使用在人體的情趣用品，涵蓋了服務業、娛樂業，甚至工業。

人最大的性器官是大腦，而關於性人體能夠有各種潛在的使用方式，所以發明來使用人體的各種工具也應運而生。

二〇二〇年，以前曾經一起工作過的朋友開始想要做一款飛機杯，也就是男性自慰器，但是找了一個在某網站上名列前茅，曾經因為在東區快時尚品牌Zara店前拍攝而上過新聞的女優，我們打算做一款從內到外都用真人壓模的飛機杯，讓消費者幹杯如幹人。

想像力就是消費者的超能力，走一圈情趣用品店就會發現，連二次元的動漫人物都可以出飛機杯，我們的工作便是把消費者的想像構築成現實。

所以我們開始掃描、內視鏡與3D建模、翻製外陰模型；開始網路宣傳與準備眾籌，同時，我們以此為主題拍了一部A片。這次除了單純的安排演員外，從腳本的撰寫、場地布置、拍攝時的控場等內容都包含在內，一切像是回到演唱會現場控場的狀況。

拍攝內容包含男優使用飛機杯的橋段，沒有飛機杯使用的男優在現場嘗試、觀察飛機杯，我把飛機杯用的果凍狀潤滑液像東泉辣椒醬內射水煎包一樣灌進飛機杯，三、二、一，開拍。

男優正在對著飛機杯直進直出，看到這樣的夥伴站了起來想要教男優飛機杯的「正確」使用方法。

「不要動。」我作勢。

「欸不是，我教他怎麼用啊！」他有點堅持。

「不要動。」收音當中我不太方便講太多。

看著男優正在努力維持勃起，拍攝順利進行中，強力攝影光線中除了女優外還有兩個攝影師，我實在很難跟夥伴一個大直男解釋，這個時候並不是隨時喊卡、他隔著飛機杯幫男優打手槍教學的最佳時機。

我們要求的是拍攝效果達成，不用在這種時候打斷男優的情緒。

隨著拍攝進行，我們開始進入性愛內容。

我才發現原來日本色情泡泡浴用的充氣床墊並不適合拿來拍片，隨著男優的用力，充氣床墊發出嘎吱嘎吱的聲音，全場都在擔心用力過度會造成床墊爆開，或者單純空氣而非床墊或彈簧支撐會讓男優的無法施力。

不過所有事情也在極限進行中，有驚無險地結束了宣傳片拍攝。

三個月後，跟隨各家配合廠商的上片排程，我們的真人比例壓模飛機杯正式上架眾籌募資網站，我們開始每天盯著網頁的數字，同時安排著工廠的生產與包裝。從看著上千人流的展覽現場，走進肉慾橫流充滿各種體液的攝影棚，然後我又轉進了成人產業的另外一個角落，開始推出各種與消費者負距離接觸的產品。

眾籌時間大概兩個月，在這兩個月中我繼續找了各家廠商、各家自媒體等對象協助宣傳，同時產品的製作、包裝、品管、運輸等行程也同步隨著排程開始滾動……但就當我們緊鑼密鼓進行宣傳時，另一件讓人意想不到的事情發生了。

台灣最大的色情網站S平台在一些我們也不知道的原因下，毫無預警地被停站；從初始考量我們便是從S平台挑選排行前列的AV女優（因為平台還有直播功能，因此通常稱其為「主播」），突如其來的異變等於剝奪了我們宣傳的主武器，耗時耗力拍完的宣傳影片變得無用武之地。

我只能每天追著新聞，看著平台與政府每日溝通的進程、一天進入幾次網站期待其恢復營運，同時一邊注意著募資網站的數字成長。而每次查詢後，我都能明確感受到實質的進展，不過不斷進展的事情只限於我的焦慮值。

面對不知何時能夠回歸的網站，我們只能想辦法找到其他的宣傳管道，我必須要在有限的預算下找到其他能夠達到宣傳效益的手段。於是我找了喜劇圈的朋友、演藝圈的朋友、在演藝圈做喜劇的朋友，賣了一點人情，用了一些手段，砍了一些價錢，用盡力氣補足因網站停運造成的宣傳漏洞。

找尋同時我想到了十年前在日本工作時，公司老闆所說的故事，有關於罐裝咖啡廠商競爭廠商的故事：

「在日本，罐裝廠商最大的競爭者不是同業，而是專門報導八卦內容的便宜小報。對於一個正常收入、生活不太富裕的日本上班族而言，短暫的休息時間中能夠得到、並且不造成經濟負擔的物品，可能是一天一瓶十分鐘能夠喝完的罐裝咖啡，或者是相同價位，一天一份十分鐘可以瀏覽完的八卦小報。」

老闆闡述的故事止於此，而我開始想像，若在咖啡公司的公關部門，我會選擇直接在小報上登咖啡的廣告。與其考慮怎麼打、打不過怎麼辦，我傾向於選擇不打，選擇加入，或者草船借箭。只要能夠找到同樣受眾的對象，那便是能夠幫忙宣傳的好對象。

衝著這個想法，我找到了在漫才表演時認識的圖文作家：大致受眾為二十至四十歲直男，與飛機杯的消費者近乎重疊，我讓我的杯子登上了他的媒體。

「Kenny，對漫畫家發動了拜託算便宜一點，我們預算有限又賣不好真的很可憐大法。」

「效果顯著。」（此為寶可夢遊戲的敘事方式）

在漫畫發布的幾天，除了我的焦慮值外，銷售額也同時有了較為顯著的成長。接續其他訪問與業配文的發酵，經過約略一個月的時間後，S站終於與政府達成協議，重新開始營運，而在我辦公室辛苦拍攝的結果也終於有了曝光的機會、達到了一定程度的宣傳效益，產品的募資也差不多於網站重開後的一個月內到期，勉強達到了差不多損益平衡的程度。

伴隨而來的包含人手不足所以必須事必躬親的到貨、包裝、貼紙；人手不足的前提下我的辦公室成了暫時的包裝與送貨據點，三千個飛機杯拆箱與組合的粉塵讓我每次踏進辦公室就開始打噴嚏或噴鼻涕。在處理完所有寄送商品後，我繞遍了幾家台北市內知名的情趣用品店，除了談庫存商品的線下銷售外，認真地花了一點點錢，研究了現在市面上的各式男用女用情趣用品。

本著業務的身分、帶著銷售的原意，每次走出店面時才發現自己又買了幾千幾萬的各種玩具。

一切都純粹是為了研究，為了工作，真的。

當出版品能夠輕易被複製時，我們勢必轉向各種其他的存活方式：歌手開始舉辦商業演出、舉辦各種活動，而線上的女優們也開始舉辦線下活動、見面會、攝影會，或者推出產品，因為就算檔案可以在瞬間被複製傳輸，但總有無法被複製的部分存在。

「體驗！」

無論如何無法重複，有鑒於「性」的本質在於「接觸」，而我們能夠提供給消費者、最直觀能夠讓消費者有所感受的，是只屬於每個人自己獨一無二的接觸體驗。

之後，我又參與了其他產品的開發與宣傳，不過那就是別的故事了。

Shall we talk

二〇二〇年初，鎖國。

對我來說，國際流通的停止代表我的工作將會面對眾多掣肘，簡而言之，我就這樣失業了。

活動翻譯沒有活動、器械裝機無法親臨現場、能夠有的收入都進入了寒冰期。我開始在各個酒吧表演單口喜劇，表現得差強人意；一場幾百的演出費沒有賺到多少，但我認識了一群朋友。

幽默的表演者不會是壞人，因為他們把壞心眼都花在表演上了。

那時候是二〇二一年初，經過了一年的疫情，甚至疫苗都還只在新聞中被討論著，沒有人知道接下來會發生什麼事情。甚至到二〇二二現在撰稿期間，大家還是只能關注著每天的新聞，境外多少、國內多少，隔離要多久，或者疫苗接種率到了什麼程度。

二〇二一年初，節目製作人找上了我，希望有拍攝從業人員能夠參與訪問，而我以最現實的回答拒絕了他們：能夠在鏡頭前表演的人，若非不想在鏡頭前曝光，或者技能點數都放在肢體表演，可能無法符合訪問需要的口條。一來一回之後，「不正常愛情研究中心」決定直接請我接受訪問。

無論是製作人、還是主持人黃豪平，是我從疫情以來出入各大表演場地認識的人們，當時我已經開始在台灣進行拍攝，而在前一年舞台表演、後台交談，促成了這一場訪問。這是我以成人經紀人的身分上的第一次公開節目，沒有多想地直接赴約，甚至連有沒有酬勞都忘了問。

出乎意料，那一場訪問創了該節目最高的收視（收聽）率。我忖著也許可以有個不一樣的工作方式。

站到台前的好處就是，我不用主動尋找拍片者，志願者們會自己找到我，無論男人還是女人，雖然男人偏多。

「欸！妳奶很大，要不要來拍片！」這種話，我沒有說過，我會害羞。

但也從此，我不用往外開發市場，市場開始向我找了過來；就這麼一場訪問，我成了被知道的AV經紀人。我做過翻譯，我做過貿易，做過藝人，我也做過演唱會的主辦，但從未經歷過對著女生問：「要不要來被幹給人看？」從訪問以後，從出線到檯面以後，這一切都在想像之外開始順暢了。

我所遇見的，我說了。我所聽見的，我說了。我目睹著撇開目光的，我也說了。各大訪問中我講述了我所面對到、所見識到的業界存在。

那一天開始，時不時在各大平台上開始出現我的身影，甚至有人看到我的時候直接指著我說：「你你你你你……A片！」

我名字不叫A片，不過似乎曝光造成了效果。

「欸，妳奶很大，要不要來拍片？」變成了「你想要轉行嗎？」雖然我還是從來沒有對素未謀面的任何社交帳號發送過類似的訊息，但在認識新朋友時還是可以半開玩笑地聊天。

在背景已經被了解了以後，一切都變得簡單了。

而我還是重複著那句話：

我願化身石橋，受那五百年風吹，五百年日晒，五百年雨淋，只求她從橋上經過，我不想要變成那座橋。

因為面對的誘惑之多，所以才要有應對誘惑之法。

面對女優，我仍舊存在著性幻想，每次片場都還是在某些程度讓我血脈賁張，或者她們也習慣了衣不蔽體地在片場走動，唯一讓我止步的只有一件事情，生存慾望。

成人產業的百分之九十以上的消費者為男性，造成從業者基本為女性，這也理所當然了，無論國家、無論地區，被保護的永遠是女方。

曾經，我知道的某些日本男優因為與女優私下合體，之後他的藝名改了，意謂換了公司換了經紀，險險躲過了化身石橋；但那只是少數因為具有經濟價值而被留存的特例。在業界私下通訊、私下聯繫時，通常擁有的選項就是八重山還是富士山的樹海，或者與柏油同路化作五百年風吹雨打的石橋。

每一個標語，都代表著發生過的事情；每一句告誡，都因為有慘烈的前例。

「工作以外不要碰女優，不要有任何接觸。」這是AV男優一〇一守則。

多少人為此一往情深、多少人因此無法自拔，曾經可以造福男性的勞動力，具備眾人嚮往專業的人們，就因為違背了這條規律，世界人口減一，富士山樹海的樹加一。

訪問中，我強烈地表達了我身為一個人，也希望繼續身為一個活人的想法，而在工作中，我繼續繼續觀察著正在發生的事情，或者其他經紀人與藝人的合作、相處模式。

某一次我剛好參與了某同業的慶功宴，現場發生的事情直接撕裂了我的認知——經紀人的左右腿坐著一對不可方物的雙胞胎，現場低胸是標配，就算知道參與者都是同業人員，他們、她們每一個魅惑的動作都讓我質疑自己目前為止的行事方式。

我當場遲疑，原來經紀人的權限可以到這邊啊？

第二是，為什麼我從來都沒有種服務？

我對經紀人遞出名片，思索以後合作的可能。重要的不在遞出名片這件事，而是遞出名片的對象：男女演員是商品，不能隨意交換聯絡方式、不能隨便對別人的商品出手是最基礎的尊重。

不過，雖然看著女生們流口水，我還是寧可站穩自己的腳步，當天除了與相關人士聊到業界情況，沒有發生任何事情；就算被明顯示意可以發生事情，我與現場女演員們的互動僅止於碰杯。

各訪問中，我所不斷強調的是，任何抱持著消費者心態加入業界的人、對於自己的角色無法轉換的人，將難以在工作中做到真正的專業。特別是與人性、與上癮牽扯，菸酒色賭毒相關的工作，踩好自己「生產者」角色、服務提供者角色，是最重要的一點。

「Never get high on your own supply」，永遠是最安全、最能夠持久的道路。

對我這種一點也不想工作的人來說，不要因為接觸一下子而加速自己直接進入下輩子，絕對不會是我想要的樣子。

在這份工作中，我沒有理想、沒有抱負，也沒有想因此死掉。

Part 5

我們不說辛苦了，我們說幹得好

——心路歷程、未來展望

看了葉問我要打十個

A片，是科幻片、是武俠片、是喜劇片，無論如何，都是眾多專業人士，透過事前設計、現場演練、專業演出、後期剪接後所呈現出來的手法。它是影視產品，是為了市場銷量、為了刺激感官、為了滿足真實人生無法實現的想像而製作出的「產品」。

看了《駭客任務》，沒辦法學躲子彈，最新一集連男主角都躲不了子彈了。

看了《七龍珠》，學不會發出龜派氣功，也不會變成超級賽亞人。

看再多次《葉問》，也打不了十個。

可惜我們還處於一個資訊匱乏的年代；是的，資訊匱乏。

我們沒有正規的、完整的、在教育體制內的性教育；在我所經歷部編版的年代中，甚至課本中僅有男女性器官的解剖圖，連一張正面圖的圖像也沒有，而就連健康教育老師對於非自己性別的內容也不甚理解。

「關於包莖*，當時的老師說包莖就是在青春期後，龜頭無法突出包皮，說所謂割包皮*是把包皮口變鬆，讓龜頭可以較容易突出包皮。」

光這一句話，就可以看出連健康教育老師自己對於性教育的知識有多貧乏。

絕望的我們，找了我們手上最快能夠取得的資訊，A片。就算有專業的教學影片、就算連PornHub都有性教育專區，但就連我們搜尋PornHub sex education，都只能找到一堆家教老師跟學生活塞運動的影片。

我們曾經以為，或者到現在還是以為，看A片我們可以邊看邊學，雖然觀賞中爽的成分絕對大於學的成分；男人們以為該這樣做，女人以為該這樣反應；而當實戰反應不如我們所觀察到的經驗與體驗時，我們手足無措。

我曾經為了想知道女生們叫床到底是自然的、學來的還是為了配合男生，跟聾啞人士有過性關係，求知慾旺盛的我極度想了解一個完全不知道、沒聽過別的女生叫床的

*包莖定義為「勃起時」龜頭被包皮包覆無法露出。

*割包皮通常為「包皮環切」，是將包皮以環狀切割一整圈的方式截短至能夠露出龜頭。

女生，到底會發出什麼聲音；而僅僅根據我的個人經驗，除了體位的溝通需要一些技巧外，會叫是真的，但怎麼叫與個人的語言習慣也有所相關。自幼全聾而僅以唇語學習語言的人在說話時會有類似大舌頭的發音，在性愛中也會有類似的狀況。

一般亞洲女生是「啊……啊……啊……」的話，可能聾啞人士會偏向「嗚……嗚……嗚……」之類的表現。

而當一個直男感覺到自己沒有表現得像A片中勇猛時，這只是學《駭客任務》下腰沒有閃到子彈，閃到腰而已，悉屬正常現象。

身為直男的我們，在片中沒有學過前戲，因為我們都會快轉跳過；沒有學過耳鬢廝磨，沒有學過要好好地撫摸、親暱、口語詢問或交流，沒有學過潤滑液如何使用、何時使用，沒有學過與性伴侶的詢問與溝通……我們模擬了任何性行為中的，可能有效或無效的方式，但沒有在任何的A片中學過愛的方式。

「我對妳的愛始於勃起，終於射精。」我說的。

可能我們以為性愛品質會加強情感聯繫，我無法否認其間的相關；猶如英國曾經研究性生活美滿度與收入關係，結論為相關，但，統計一〇一告訴我們，相關，不等於因果。

白話文來說，如果我有錢了，當然第一件事情先充實性生活吧？相關，不等於因果。

用錯誤的方式我們接觸了性，被啟發了性，但我們忘了愛；然後我們繼續用錯誤的方式相處著、將就著、忘記一詞中，愛占了一半。

「人最大的性器官是大腦」。

女性向的A片、甚或販賣賀爾蒙的韓劇，與男性主體A片的差別就在於鋪陳，或者簡而言之，**劇情**。想得而不可得，是增加慾望最直接的方式。而對於性，每個人都有自己習慣、或者能夠承受的方式。對於直男最重要的基本功課是：醞釀。

課本沒教的事情、A片沒有教的事情，我們看慣了見面幾分幾秒即合體、路上搭訕如何帶回家、水管工、家教、家政婦等，各種存在於直男的世界，但在實體性愛中存在著的另外一個世界：**醞釀，或者前戲**。

「前戲」不是從兩個人脫光在床上開始，所有的計分從見面的瞬間就已經開跑了。

電影《全民情聖》裡面說，如果女生在門前玩鑰匙，代表她在等著你吻她；是，也不是。造成心理滿足最大的重點，從來都在於等待，等待造成的期待才能加深最大的快感。

而且，絕對，不要參考A片！

「性」是兩個人的事情，或者兩個人以上？總而言之是參與者間各自決定、各自共識中所溝通形成的方式，我們所拍攝的方式、內容以及手法角度，絕對不會是範本。

若問女生：

「我喜歡火車便當」的女生舉手。

「我喜歡沒有前戲插入」的女生舉手。

「我喜歡肛交」的女生舉手。（應該會被翻白眼）

愛有千萬種方式、情有千萬種方式、而性更有各種不同的方式。

「爽嗎？」不會是男生該問的問題。

「到了嗎？」反而會讓女生無法高潮。

手指進出不一定讓女生舒服，其中不僅包含指甲長度，指甲邊的硬皮、手指的角度……還有女生體質、心理、生理上的反應。

把「爽嗎？」換成「妳怎麼這麼漂亮！」把「到了嗎？」變成「我喜歡妳。」也許，只有也許，實際上女生對於這些事情的反應會更大呢？

我們不是教科書的出版商，我們滿足人們（男人們）的幻想，就像《三國無雙》中一騎當千般，而從沒有人把《三國無雙》當成武術樣板以一擋百。是，參與拍攝的男優們都是以一擋百的存在，所以男優難尋。

「酒之所以好喝，就在於它難喝。」《傷城》

任何嘗試把興趣當成工作的人，都會認真勸退其他人員，成人產業亦同。**李敖說過妓女不能有性慾的時候才選擇接客**，而從業者也無從選擇面對的對象、拍攝的內容。

如果人生不會碰到電腦人對你開槍，不會碰到一騎當千的情況，請先溝通、請先嘗試，然後找到你們，只屬於你們的性愛模式。

比起參考A片的內容，比起用A片來當作基準，互相溝通、坦誠相見，再加上一點點意外，絕對會比從A片學到的技巧更能促進感情。

不要，絕對不要，用《駭客任務》學躲子彈。

你見或不見，它都會在那裡

我有一個Q，我說的是《００７》裡面專門提供道具的Q。

我認識一群專業人員，包含泌尿科、婦科、甚至有精神科醫師、性治療師、護理師。加上一些在相關行業已經執業許久的人群，可能有應召者、總機（應召派人單位）、付費女王、或者習慣消費者，當然最重要的是後備倉儲，藥劑師與藥局。

兵未動，糧草先行。據我所知業界只有我對於這一塊有特別研究。以我的身分請教諸多先行者後，基於安全以及用藥效率下，我一直試圖做好的萬全準備。而穩定配合的藥局，便是我最需要的糧倉，依照我的身體狀況，以及工作上所需要的藥品。不知不覺中，我變成藥局唯一月結的客人，每個月的花費到五位數基本上是正常狀況。

某一次帶一個全新男優拍攝時，他因為太過緊張無法勃起，就算身經百戰的我與片商已經習慣，但他個人的焦慮及不甘讓他在我不注意時自己翻了我的藥盒，找了它認得剛剛吃過的藥，再多吃了一顆；一個小時後，作用開始，但卻不是喜聞樂見的一柱擎天，而是開始猛烈地、不停止地、洶湧翻滾地，烙賽。

《鋼之鍊金術師》裡面說，每件事都有它的代價，只能實行等價交換，藥物的作用與副作用也是同樣的原理。

每個人的身體對於藥物的反應不一樣，這也是需要準備多種藥物的原因，需要配合不同體質的人給予不同藥物，除了學校所學外，從專業智囊團的專業、經驗者，以及自身經驗中，我也學到了不少藥物使用時應該有的注意事項。

欸對，我也是吃完「犀利士」隔天會烙賽那種人。

我聽說過許多藥物造成的問題：女生為了怕懷孕，一天做了三次，所以一天吃了三顆事後避孕丸*造成之後三個月經期大亂；男生為了怕早洩，在Party前先吃了延時藥「必力勁*」，結果藥物與酒精交互作用下發了酒瘋、吐了一地，最後從錢櫃包廂醒來只剩下

*事後避孕藥的效期約為服用一顆之前後七十二小時，服用後約三天會強制來月經。

*延時藥必力勁為短效SSRI，選擇性血清素回收抑制劑，與百憂解屬於同類型藥物，容易與酒精等精神影響物質發生交互作用，而產生加乘效果導致易醉、易吐等狀況。

自己一個人默默回家。

而我的經驗是「曾經有幾個大奶妹躺在我旁邊，我無法勃起，直到失去才追悔莫及。人世間最大的痛苦莫過於此，如果上天再給我一次機會的話，我一定會對那女孩說四個字：杯修趕某（來一砲）。如果非要在這段時間前加個期限的話，我希望是半小時。」不是《大話西遊》。

第一次碰到因為太過緊張而無法發揮的時候，兩個想法在我腦中浮現：啊！幹她好正（I罩杯、I罩杯啊！），以及我真的年紀到了。

「男人問題，還蠻常見的，每五個就有一個……」《復仇者聯盟1》

電影鋼鐵人在被洛基丟出窗外前。

當時經驗不足的我趕忙聯繫人在日本的男優們，詳細描述狀況後，最終的問題是：「幹我怎麼完全站不起來」。一個給了我心理調整的建議，教了我在拍攝現場緩解焦慮的方式，一個給了我藥名以及劑量。而且我還沒有開始在台灣拍攝，壯陽藥並不是常備口袋的物品，也就從此後我隨身攜帶藥物當作御守，以防不時之需，漸漸變成了我生活的常態。到後期我開始在台灣參與拍攝後，幾次口袋中的常備用藥都在關鍵時刻起了效果。

有些人對犀利士的副作用是烙賽，所以我也學會了該準備止瀉藥物。

為了性，我們如此努力著。努力讓自己在性行為上有所進展，有所突破。電影《女孩我最高》中描述了一個身高約兩百公分的女生，因為交不到男朋友而困擾；而男主角則隨身帶著一個裝書用的肥皂箱，沒有人知道他的用意，到最後……電影呈現他是為了如果有一天能夠吻到女主角而準備墊腳用。

如果這被稱為浪漫，那我隨身帶著保險套跟壯陽藥呢？

有人的地方就會有性，這是深植於我們基因當中的慾望；而有性的地方就會有我們，因為性的預設便不是獨自可以完成的慾望。各種層面來說，無論對車、對器械、對異種動物等百分比占極低到能夠上新聞的內容，我們盡力地負責了大部分人類所能做的性投射、性慾解放。

「我們」。

面對現實，在現存文化中無法找到伴侶、與伴侶無法「器」合的人確實存在，且為數不少。歸功於人類高級認知的出廠設定，我們提供了眾多慾望解除方式，我們有高麗菜米、阿斯巴甜、蒟蒻麵條，還有A片、充氣娃娃、AR影像……可能與實品有所差異，但想像力補充了剩餘的空間，我們默默地接受了。

直男們終究會在比基尼或內衣照片中找尋若隱若現的乳暈或走光，而二〇二一年Netflix影集《性／生活》中男角色淋浴後轉身的驚「鴻*」一瞥也讓此劇瞬間討論度飆高，以此可見性表徵一直是對人心的刺激；二〇〇六年的電影《超人崛起》中甚至還設計了特殊擋板，讓超人演員的下體可以呈現力挺又不過度性暗示的效果，欸……也就是讓緊身衣下的它看起來大但是又不是勃起的狀態。

聽說曾經有一個研究，尋找沒有看過A片的直男作為受試者，沒有找到。

聽說曾經有一個研究，以性別分析胼胝體*厚度，結論得出女性胼胝體相對較厚，所以可以在不同事件中切換，或者較為感性，而男性因為胼胝體較薄，切換效率較弱，難以進行多工處理。這中間的例外是男同志，研究顯示男同志的胼胝體厚度差與女性比較並不顯著。

此研究結果被性平攻擊之下，研究的教授出櫃了。

我們都在研究。身為直男我們研究怎麼討好女人，身為直女我們繼續與男人糾纏；女人發現男人會看A片，男人因為無法執行片中表現、或者得到片中反饋而失望，女人

＊鴻就是大鳥的意思。

＊胼胝體為左右腦連結處的腦組織，理論上胼胝體越厚，理性與感性思維越容易互相影響。

發現自己無法達成片中內容，更加失望，或者對男人更加失望。

「為什麼下腰躲不掉子彈？」最可怕的是，躲子彈被認為是正常的，因為我們是從業者的緣故，我們讓這些內容變成了好像可能，因為我們讓消費者信以為真，而且打從心裡相信了。

那麼……

你想要一個可以火車便當*的對象，還是一次性高潮呢？

你想要一次潮吹，還是一次前中後戲都滿足的纏綿呢？

你想要一起看A片，讓男生極度性奮，還是讓男人對著你充滿激情呢？

我們之所以存在，在於我們滿足了幻想，而我們的工作，在於滿足幻想。腳踏實地，我們該回到的是現實。我們如同馬戲團般找了各式各樣、各行各業的設定，然後用專業的人們，用充滿素養的方式，錄製之後將成品呈現在各位的面前；是，合法或非法，我們都會存在，而總會有人「使用」我們。

當你知道我們是誰，我們正在等著你。

當你知道我們是誰而沒花過錢，可能某個澳門的線上賭場在等著你。

＊一種性交體位。指男方站著抱著女方，女方用雙腿夾住男方的腰部，雙手環抱男方頸部。樣子像月台邊叫賣便當的小販。

當你是一個人，一個有性慾的人，請想到我們。

我們試著用性滿足所有可能的，除了對車、對插頭、對家具的對象……滿足各種想像；是，有人在現場似乎達成了那些成果；是，請把那些結果交給專業，我們不反對嘗試，但更不負責任何傷害損失。

你見，或不見，你仍是個有性慾的人。

你見，或不見，我們正在滿足人的性慾。

我們都會在，我們都會繼續進行中，那，你呢？你選擇了什麼方式面對自己不可告人的慾望？我們會持續安靜著並接受指教。

若為閱聽者，我從來不認為除了拍攝內容的專業度外，有人能夠以道德判准評斷我們。

若為從業者，歡迎光臨。

「我們只是出賣肉體，那些演員連自己的情感都出賣了。」《春宮電影》

以上為小說中角色們為了合理化自己拍攝A片的內容，不過也說出了社會對於一般演藝與成人演藝中的差別對待，不僅是大眾如此，對於出版品的法律也如此；甚至，在於遊戲的內容亦同，通常的遊戲購買平台可以購買的遊戲，無論噴血爆頭車裂凌遲，只要加上年齡限制便可上架，而當遊戲被定義為色情內容，就被貼上了無法公開於平台販售的標籤。

而終究，我們陷入了一個假議題中，開始討論「藝術」與「色情」，甚至「學術」的邊界；「色情」成了一個未成年的孩子，我們發現與藝術綁定時，與學術綁定時，色情本身才能堂堂正正地展現出來。隱隱地，我們接受了這種認知，甚至接受藝術、學術與色情將會相斥，當一件參與裸露的作品被展現時，它所面對到的爭議常常被壓低到它到底是「藝術」還是「色情」。

我們被教育了零和競爭，被教育或未被完整教育了色情知識，進而貧乏到需要用各種覆蓋的言論去遮掩、迴避它；回到原點，不過是我們被教育得無法承認它而已。

「如果你跟我不一樣，你就是我的敵人」這句話是電影反派所說的話，而其身為反派，是因為我們忘記了「兼容」。色情與藝術、色情與學術、色情加上學術與藝術，在這個以斜槓為常態的年代，這些概念又何嘗不能共存、甚至互相激盪呢？

傳聞日本學校將女學生的制服規定為水手服的原因，是因為軍服較不容易引發男生的性慾，而至今水手服成了男人興奮標籤的一環；有學校規定不能穿深色內衣，因為會透過襯衫引起男學生異樣眼光；而規定馬尾的原因亦同，造成現代仍有禁止馬尾的高中。

立法的人沒有發現，色情所存在的角落位於我們的腦中，不是外顯的裝扮可以抑制的。直男抱持的性慾是對於女性，任何與「女性」掛鉤的標籤，終歸會變成我們性幻想的標誌，今天無論穿水手服、軍服、陸軍服、警察裝、消防服、甚至男裝、西裝……直男所投射的性慾其實是直接反映在服裝之下的，而服裝永遠是一個可以改變、可以被訓練習慣的符號。

所以，我們拍了列車長、搜查官、神職人員、穿套裝的公司職員、女學生（二〇二二年四月日本立法將成年從二十歲改為十八歲，那將來演員中可能出現真正的女子高中生）等等題材，在主題悖德的同時，就因為它的無法實現，我們將之從想像轉換成了影像。

慾望像一顆球，越用力壓制，反彈力越大。

而承認慾望，並且能夠有方式地克制、消解才是解決之道，很可惜地，這在教育體系中並不存在、並不完整。連「承認」這件事情都沒有學過，遑論後面的解決方式。

我們，就是提供解決方式的人們。

而這原始的慾望繼續存在，我們這些解決慾望的人們，也就將繼續存在著。

而我又將去哪裡

撰文時，各式各樣的台灣業界新聞正在充斥版面：

「台灣女優集體出走，控訴經紀公司與經紀人」

「製作人的潛規則傳聞與對話外流」

「女優在平台上互相排擠，抵制同業上架」

「台灣第一女優之爭」……

MAKE
LOVE
NOT
WAR

日本同時也正在醞釀：

「禁止特定十六項拍攝主題」

「將成人定義自二十歲下修為十八歲，致使真正的ＪＫ可以合法拍Ａ片」

「拍攝將需於三個月前簽約」

「女優可以隨時無理由拒絕拍攝，包含拍攝現場」……

我完全可以理解以上種種事件發生的原因，也研究了事情的脈絡，但某些時候只是立法者預設了從業者的弱勢立場，並且把廠商當成了剝削的既得利益者；我無法斷言這種廠商不存在，每個行業都有不走正道的投機分子，而把所有參與者都未審先判地當作投機分子、不良分子，其實是一種不公平的偏見。

任何關於性的事情都應該要建立在「知情」與「同意」上進行，這才是現實上、業界中普遍存在的共識。

至少我自認盡量保持著善良、坦承、正直，然後仍舊能夠繼續在成人業界活著。

我知道台灣更詳細的相關法律規定也正在醞釀，甚至已經上路中，不過台灣最知名，支持這些內容的政治工作者目前正在服刑，法律完備那一天可能又會往後延一些時間。

不可否認地，與性產業相關、與性出版產業相關的內容永遠都會讓消費者趨之若鶩；一般人常常談到人性，而我談更多的是關於人的性。

一切都是為了學術研究，我看了二十年前川島和津實的寫真集，日本風格的全裸上空，而下半身巧妙地用陰毛與角度避開了陰部的影像（對，當年的女優基本上沒有修整陰毛的習慣），以現在的角度來看，姿勢與拍攝方式上甚至不如現在寫真女星穿著比基尼或內衣有性誘惑力與挑逗；與時俱進地規則變多了、媒體形式改變了、但我們對於性刺激的閾值也顯著上升——而這系列二十年前的照片，還是日本已經經營二十年成人出版後的結果。

另外，那是個D罩杯可以做為巨乳賣點的時代，然後我們進入了一個罩杯大到字母快要不夠用的世代。

而我們正在面對的現實則是，規則越多越清楚，我們越知道規則之外到底有多寬廣的發展空間。

看完二十年前的色情出版品後我開始思考，二十年後，我們的性慾又會往哪裡去呢？人還是人，人體出廠結構並不會在二十年內有多少改變，但醫學技術是否會把我們帶到一個可以任意改造身體，《攻殼機動隊》般的時代？近年的我們開始風靡健身、整形，新聞下的標題「身材不科學」中，又有多數反而是現代科學的結晶；那我們對於人體的喜好，又將從環肥燕瘦轉化到哪？轉化到什麼程度？

乳房這個符號原本在認知中為哺育、母性的象徵而非性，直到上個世紀才開始風靡，接著有了隆乳手術，初始的隆乳使用的原料是石蠟，不小心天氣太熱可能還會融化；再來我們追求從細瘦變豐臀、從長腿變成蜜大腿，就像文藝復興時期崇敬小屌到現代大鵰成為主流，二〇二一年Netflix影集《性／生活》中，男主角沖澡轉正面時的巨根造成了一時的風靡討論。

每一個新媒體的推出，從文字、繪圖、印刷、照相、漫畫、動畫、攝影、VR、即時視訊、軟體配合情趣用品、可以互控對方同時即時視訊的情趣用品……科技來自於人性，而人性中始終存在著，性，但關於性的各種內容卻也是最常被第一個禁制的事項或政策。

所以，就算規定讓我們掣肘，留給我們諸多限制，但真正讓我們無所適從的是規定不明確；當規定無法明確時，就算想要遵守規定都有著極高程度的困難。

而在這個業界當中顛覆我世界的是，我遇見了人生中真正的壞人；不是電影裡面那種充滿心機盤算想統治世界，或者為了自己的正義而與主角為敵那種壞人，而是單純為了自己的利益可以翻轉是非、傳遞流言、試圖排除異己、或者試圖消滅競爭者的壞人。多次我曾經感受對我襲擊而來的惡意，從某人口中聽到我被如何描述造謠。

而我只能，或者只會，保守好自己。

前面的章節所述的各種事件教會我，天道不一定酬勤，但會酬皮；九品芝麻官說，貪官要奸，清官更要奸。工作上就算遭受了各種讓人不適的政治性問題，或者總會有心術不正之人在同一個職場做著一樣的工作；更多是無論如何都解釋不清的流言蜚語。

而我又將如何應對？而我又將去哪裡？

對我來說，保持彈性，但同時也保持善良，是最重要的事情；同時也是我在選擇合作演員的第一標準。當然每個人都有自己的想法與慾望，或者自私的小小想法，認知到這是常態，接受並且對應可能是唯一的方式。

我學的是心理，不是靈媒，無法讀心或預測任何人的實際想法，或者作法；依我有限的腦容量我更不可能知道科技的下一步將帶我們把成人與出版走到怎麼樣的領域，但我對自己的唯一紀律，是善良。

我介意的從不是傷害我的行為，而是行為後面的惡意。我曾經說過：「如果一個人不小心跌倒撞斷我的手，我不會計較；但當一個人助跑過來給我一拳，就算我指甲少了一個角我也會跟他拚命。」

我相信惡意，因為我相信人，但我更相信大多數人的行為動機起始於利己，而非損人的惡意，只是在為自己尋求利益的時候不小心傷害到人，像是哥吉拉其實只想去核電廠，結果不小心撞爛一堆路邊房屋那樣。

「每一個反派都是自己故事中的英雄」是喜愛英雄片的我非常喜歡的一句話，而我敬佩認真的人；但若一個人連身為自己英雄的權力都放棄的話，我將敬而遠之。性產業是一個促進世界和平的產業，千年來如此，我也是這樣相信的。而所有牽涉利潤的行業都會有對於利潤貪心之人，而我們注定要在這之間遊走生存。

身為經紀人，我的工作很簡單：對片商輸送藝人資訊、安排面試、安排拍攝、拍攝前將準備事項與細節傳達，同時與片商溝通、盡力使拍攝順利進行、拍攝結束結帳與藝人分帳，若有狀況則教育藝人或與片商溝通、安排下一次拍攝。

同時，我希望自己是個做事有度、能夠被藝人信賴，而也不會辜負藝人信賴的經紀人，帶著藝人能夠在不僅每次拍攝，還可以有更多發展，一起營利的人。

我不知道隨著科技，性產業還會經過多少轉變，我們又應該如何應對；但我相信，無論未來在哪裡，該往哪裡去，我仍然試圖讓自己是個可被信任的經紀人。

善良這件事，是我最終且唯一的堅持，因為我相信，性產業是個促進世界和平的產業。「Make Love, Not War.」床上的戰場絕對比前線戰場精彩，可能一樣會有血有淚有屎有尿，雖然只是進出的方式與排出的孔洞不太一樣，但是我們的身體使用方式比較開心。

而我又將去哪裡呢？我覺得我會在這條路上走下去，持續為了我所愛的巨……不，為了我所愛的世界和平而努力吧？

（終わり）

《叫我AV經紀人：棒棒堂叔叔變形記》/ Kenny
作. -- 初版. -- 臺北市：大辣出版股份有限公司
出版：大塊文化出版股份有限公司發行, 2022.11
面； 公分. 15×21 (Sex；40) ISBN 978-626-
96266-4-9(平裝)
1.CST: 特種營業 544.767 111015302

Call Me
THE AV Agent !

Call Me
THE AV Agent !